U0562840

Relinking with the world

爱上北外滩·睁眼看世界

熊月之 主编

赴美

Study in the USA

何方昱 著

上海人民出版社 学林出版社

本书获虹口区宣传文化事业专项资金扶持

编纂委员会

主　任

吴　强　陈筱洁

主　编

熊月之

委　员

苏　丽　冯谷兰（执行）　季建智　吴　斌　金一超

撰　稿

何方昱

策　划

虹口区地方志办公室

序言

一部中国近代留学史，大半部与上海有关。近现代中国的留学生无论是留学欧洲，还是美国、日本、苏俄，大多数从上海出发。无论是出国学习自然科学、人文社会科学还是工程技术、管理科学，归国后很多留在上海发展。上海成为与留学文化高度关联的城市。近代上海虹口，为上海国际客运码头集中地、外国领事馆相对集中地，也是很多留学生归国的创业园，因此成为上海各城区中与留学文化关联度很高的地区。从留学与城市关系的角度，剖析近代上海特别是虹口的文化底蕴，对于解读上海的城市精神、城市品格，具有特别的价值。

一

见贤思齐是人类文明演进的积极因素。留学是见贤思齐的有效路径，是不同文化之间进行交流的普遍现象，无论在东方西方，均历史悠久，内涵丰富。古希腊时期，巴尔干半岛的雅典学院，就以其灿烂的文化，吸引了邻近的亚平宁半岛与小亚细亚半岛的青年学子前来留学。那以后,古罗马时期、中世纪时期与文艺复兴时期,留学一直是欧洲普遍现象,亚历山大、君士坦丁堡、罗马、巴黎等城市,都曾是重要的留学目的地。在东亚,魏晋以后、中唐以前,因佛教东传,中国西行印度求法的僧人,络绎不绝,至少有 190 人,东晋法显与唐代玄奘是其中翘楚。隋唐时期,日本学生多次随遣唐使来到中国,留在中国,学习中国文化与佛学,有的历时达二三十年。宋元时期延续了这一传统。到了近代,随着全球化速度持续提升,留学运动以更大的规模、更高的频率在全世界范围内展开,日益成为国际文化交流的常态,但若论规模之宏大、人数之众多、地域之广泛、影响之深远,则以中国为最。

近代中国留学以目的地而论,可分美国、日本、苏俄与欧洲国家。以路径而论,可分政府主导与民间主导两大类,政府主导包括官派公费、庚款留学等;民间主导包括私人自费、教会资助、企业或富者资助、党派组织、勤工俭学等。以时段而论,可分洋务运动时期、清末时期、民国初期与五四运动以后。

近代中国第一波留学高潮是在洋务运动时期。清政府接连在两次鸦片战争中惨遭失败,被迫对外开放通商口岸,被迫同意外国使臣驻京,被迫卷入世界资本主义秩序,被迫走上学习西方的自强道路,包括开办同文馆、向外国派出使臣、仿造坚船利炮、兴办近代企业等。与此相适应,陆续向美国与欧洲国家派遣留学生。1872年至1875年,由容闳倡议,得曾国藩、李鸿章鼎力支持,清政府先后派出四批共120名幼童赴美国留学。这是清政府首次官派如此多学生留美。1876年,李鸿章奏准由福建船厂学生及艺徒30名赴英、法两国,学习制造与驾驶,正式开始中国官派留学欧洲的历史。1881年,李鸿章又奏准一些船厂学生赴英、法学习。

近代中国第二波留学高潮,始于甲午战争失败以后,到辛亥革命以前。清政府在甲午战争中被蕞尔岛国日本打败,举国震惊,单学船炮以强国的迷梦至此破灭。研究日本、学习日本的热潮由此兴起。日本明治维新成功的一条重要经验,便是向欧美大量派遣留学生。日本与中国,一衣带水,情势相类,风俗相近,路近费省,于是,向日本派遣留学生成为朝野共识。1896年,清政府向日本派遣首批留学生13名,各省地方政府也陆续派遣学生赴日,到1899年,已有200余人。庚子事变后,清政府广开新政,奖励工商,废除科举,鼓励留日,并宣示预备立宪,各种官派留日、自费留日风起云涌,1903年达1000人,1906年高达7000—8000人。此后,鉴于留日学生中留而不学、鱼龙混杂等问题,中日两国政府联手对留学资格、招生学校做了限制,留日势头有所遏抑。即使如此,到1909年,中国留日学生仍有3000多人。估计清末十余年间,中国留日学生总数在2万人以上。[1]民国成立以后,特别是1913年"二次革命"爆发以后,由于多种因素的综合作用,中国学生留日再掀高潮,1914年有

5000多人。据估算，北洋政府时期，中国留日人数在2万人左右，仍居各国留学人数之首。[2]

近代中国第三波留学高潮，是清末与民国时期留学美国与欧洲国家，延续时间较长。鉴于大批中国学生留日，美国感到必须与日本争夺中国留学资源，以扩大美国对中国的文化影响。1908年，美国国会通过议案，决定将其超过侵华战争实际损失的一千多万美元的庚子赔款退还给中国，作为中国向美国派遣留学生的经费。翌年，清政府成立游美学务处，主管考选学生、建设学堂，选任游美学生监督及内外各处往来文件等事。1909年、1910年和1911年，游美学务处分三批招考，第一批录取金邦正、梅贻琦等47人，第二批录取赵元任、胡适等70人，第三批录取梅光迪、张福运等63人，三批共180名学生，年龄都在20岁上下。1911年，作为留美预科的清华学堂正式成立（后相继更名为清华学校、国立清华大学）。1912年清朝覆灭，民国建立，革故鼎新，但“庚款留学”继续进行。1925年，中国在美留学生总数达2500人。以后有所起伏，但整体持上扬态势，1949年达3797人[3]，为近代留美人数之巅。

清末民国时期，留欧也较前有很大发展。1900年至1911年，中国向英、法、比等国，相继派遣留学生1001人，其中英国315人，法国107人，德国83人，比利时250人。[4]民国时期，英、法等国效仿美国前车之路，相继与中国订立协定，退还应付赔款。中国政府利用此款，向英、法等国派遣了部分留学生。

近代中国第四波留学高潮,是留法勤工俭学。出洋留学,费用昂贵,并非普通家庭所能承担。考取官费留学者,绝少出自普通家庭,且大多出自江浙等地富庶人家。鉴此,清末民初,李石曾、蔡元培等留欧先行人士,发起组织留法俭学会,鼓励国内青年赴法勤工俭学,一边打工,一边求学。法国政府对此热诚欢迎,予以配合。从 1919 年 3 月 17 日第一批 89 名启程离沪,到 1921 年 11 月 13 日 104 名勤工俭学生被遣返回国,前后不到 3 年时间,先后有近 2000 名中国青年抵达法国。他们来自全国 19 个省份,内以四川(472 人)、湖南(356 人)人数最多,包括蔡和森、向警予、邓小平、聂荣臻、陈毅、赵世炎、王若飞等。[5] 以勤工俭学方式出国留学,是中国留学史上一大创举,使留学人选从沿海扩展到内地,从富庶家庭扩展到贫寒子弟,放低了留学门槛,降低了留学成本,也加大了四川、湖南等地进步青年与上海城市的联系。

近代中国第五波留学高潮,是留学苏俄。共产国际高度重视在远东各国培养领导干部。1921 年 4 月,苏俄在莫斯科成立东方劳动者共产主义大学,简称东方大学,设国内班与外国班,外国班分中国班、日本班、朝鲜班、伊朗班等,费用由共产国际承担。1921 年,中国班学生有 36 人,到 1923 年增加到 52 人。这些中国学生主要来自两个方面:一是上海社会主义青年团选送,如刘少奇、任弼时、萧劲光、罗亦农、汪寿华等；一是留法勤工俭学生转道而来，如赵世炎、王若飞、刘伯坚、陈延年、陈乔年、聂荣臻、萧三、李富春、蔡畅等。1924 年，国共两党合作成功。1925 年，苏联在莫斯科建立中国劳动者孙逸仙大学（简称中山大学），招收中国国民党与中国共产党骨干入学。蒋经国与邓小平等都是中山大学的学生。1927 年蒋介石叛变革命后，国民党停止选送学生留苏，中山大学的国民党学生也撤回国内，此后中山大学的学生全为中国共产党所派。1928 年，东方大学中国班并入中山大学，中山大学改名为中国共产主义劳动大学，直到 1930 年秋停办。1925 年至 1930 年，在中山大学和中国共产主义劳动大学留学过的国共两党学生，总计在 1300 人以上。[6]

与政府选派、政党组织成规模的留学相一致，较为零散的民间留学也很发达。从清初到鸦片战争以前，陆续有零星天主教信徒随传教士西航欧洲，留学教廷所在地梵蒂冈。1645 年随传教士赴梵蒂冈的广东香山人郑玛诺，被认为是中国最早留学欧洲的基督教留学生。1645 年到 1840 年，中国赴欧洲的基督教留学生共有 96 人。[7] 鸦片战争以后，这一留学通路仍在延展，特别是与基督新教相关的留学异军突起。1847 年，容闳、黄胜、黄宽等 3 人，随美国传教士鲍留云（一译布朗）赴美留学，开启了基督新教系统学生留美的历史，也开启了近代中国民间留学的历史。随着时间的推移，民间留学规模不断壮大，目的地更为多元，诸如颜永京

1854年随美国传教士赴美，留学美国俄亥俄州建阳学院；舒高第1859年随美国传教士赴美，后获医学博士学位；何启1872年赴英国留学，后获医学硕士学位；辜鸿铭自1873年起先后留学英国、德国，获博士学位；伍廷芳1874年留学英国，后获法学博士学位；宋耀如获教会支持，1881年起，在北卡罗来纳州圣三一学院等多所学校留学。据不完全统计，1861年至1895年，中国民间留学欧美的学生约80人。[8]甲午战争以后，特别是兴办新政以后，民间留学人数急遽增多。以留日学生而论，自费生大体占40%—50%。[9]民国时期，民间留学更胜于前。据1924年《留美学生录》统计，留美1637名学生中，自费为1075人，占总数近三分之二。[10]这些民间留学的费用，有的来自家庭，有的来自教会，有的来自相关学校的奖学金，有的来自具有公益精神的资本家资助。民国时期，有"棉纺大王"之称的资本家穆藕初曾资助罗家伦等5人留学，有"烟草大王"之称的简照南曾连续3年共资助37名学生留学。周恩来留学法国的经费来自南开大学的"范孙奖学金"。

近代中国一波又一波的留学热潮，虽时起时伏，波涛汹涌，但总体上奔流而下，呼啸向前。这是中华民族觉醒的表现，也是中国走向世界的步伐。以两次鸦片战争、甲午战争为重要标志与转折关节点，曾经雄踞世界东方的大清帝国急速地、无可奈何地走向衰落，绵延几千年之久的中国文化，遭遇到西方文化空前猛烈的冲击。日趋深重的民族危机，唤起了一批又一批不甘沉沦的志士仁人的觉醒。他们开眼看世界，学习新知识，寻找新出路，留学就是看世界、学新知、找出路的具体实践。上述五波留学浪潮，恰好与近代中国历史前进的步伐呼应关联，幼童留美、艺徒留欧，对应的是洋务运动；19世纪末20世纪初的留日大潮，对应的是维新与革命，而庚款留学与五四以后留学苏俄，对应的是那个时代的知识精英对于民族前途的新的思考与探索。正如李新先生所概括：

> 一百多年来一浪一浪的留学运动充分地说明：中华民族一部分勇敢、优秀的儿女们，一直在挣脱妄自尊大、闭关锁国的束缚，艰难而又坚决地走向世界！在此意义上，留学运动的发生和留学生群体的崛起，就不仅仅是救亡所能包括，实际上它是中国社会从传统向现代转型嬗变过程中迈出的最初一步，而他们正是一支新兴的、特殊的先导力量。[11]

近代中国留学欧美与日本、苏俄等地的总人数，累计超过10万人[12]，其规模宏大，影响广泛、深邃与久远，均为同时代世界之最。如此众多的留学生，就个体而言，其成就与表现自然千差万别，形态各异，但作为整体，则有鲜明的共同特点。

其一，崇高的爱国精神。他们远离祖国，辛苦治学，学成以后，忠心报国。容闳学成以后，不愿留在美国发展，不愿意当传教士，回国后也不愿做买办，而是不辞辛劳地奔波于实业救国、教育救国的路上，并有力推动晚清官派留学的起步。这是成千上万留学生学成报国的典范。至于李大钊、周恩来、邓小平等一大批共产党人留学报国的事迹，我们早已耳熟能详。

其二，杰出的学术成就。就学科而言，无论是自然科学、人文社会科学、工程技术，还是管理科学，就人才而论，政治、军事、外交、经济、法学、教育、科学、文学、艺术等领域，如果撇开留学生的贡献，撇开留学的影响，都不可思议。1926年，舒新城便说过：中国高等教育界之人员，“十分之九以上（据民国十四年东南大学、北京师大同学录）为留学生”，民国以来中国学者在地质调查、物理研究方面所取得的为国际学术界承认的成就，全部出自留学生，“高等以上学校之科学教师，更无一非留学生”[13]。1931年出版的《当代中国名人录》，收录教育界名人1103位，其中留学出身的904人，占82%。[14] 1948年，中央研究院评选全国第一批院士，经反复筛选，最后入选者凡81人，其中数理组、人文组各28人，生物组25人。此81人中，接受过留学教育的凡77人，占95%。没有留学经历而入选院士的仅4人，全在人文组。[15] 这充分说明留学教育对于中国学术的全局性、决定性影响。

二

近代中国留学史早已成为专门的学问，各种留学通史、专史，包括国别留学史、专业留学史、留学人才史，佳作迭出，目不暇接。这套丛书关注的重点，是以往研究不大关注，或关注较少的领域，即近代留学与上海的关联，特别是与虹口的关联。

梳理近代中国留学史，可以发现一个突出的现象，即相当多的留学生与上海有关联。这种关联有两个方面，一是他们出发与归国的口岸，大多是上海；二是他们留学以前与回国以后，相当多人与上海有关。正是这两个方面的内涵，彰显了上海城市的特点与地位。

近代中国留学海外，绝大多数是从上海出发的，也是经上海归国的。这首先因为，上海很早就成为中国的远洋交通枢纽、远洋客运中心。

上海位于中国南北海岸线的中点，长江东流入海的终点，两点叠加，使得上海航运优势无可比拟。在主要以轮船为国际、国内载客工具的前飞机时代，上海正好处于内河航运与海洋航运两大网络的连接点上。

内河航运方面，1860 年以后，西方列强通过《天津条约》与《北京条约》等不平等条约，强迫中国开放长江及沿江城市，包括汉口、九江、南京与镇江 4 个沿江城市。据此，外国军舰、商船可以驶入长江和各通商口岸。1876 年，英国借口马嘉理事件,逼迫清政府签订中英《烟台条约》,规定将宜昌、芜湖等增添为通商口岸,大通等众多城市为外轮停泊码头,安庆、沙市等成了准通商口岸。1890 年中英签订《烟台条约续增专条》,将重庆添列为通商口岸。1895 年签订的中日《马关条约》,规定沙市、重庆、苏州、杭州等为通商口岸,日本轮船可以驶从湖北省宜昌溯长江以至四川省重庆府,从上海驶进吴淞江及运河以至苏州府、杭州府,附搭行客、装运货物。到 19 世纪末,从上海到重庆已全线通航轮船,长江成为全国最为繁忙的运输通道。内河轮船航运网络的形成,极大地便利了长江流域有志留学的青年向上海流动。

远洋航运方面,上海位于那些往来于北美西海岸和日本、中国、东南亚之间的轮船所遵循的世界环航线路最近点之西不满一百英里的地方,所有西太平洋主要商业航道,都在那里汇合。中国远洋航线以香港与上海为中心,香港为欧亚航运中心,上海为东亚与中国海运中心。航行到欧洲、美洲、澳大利亚以及南洋等外洋的轮船,大多数经过香港与上海。进入 20 世纪后,中国的远洋航路,以大连、上海、厦门、香港 4 个口岸为据点,上海适居中心位置。就航运距离而论,上海到西欧与美国东部港口,大约相等。上海处于远东航运的焦点位置和大西洋欧洲与美洲的中间位置,航运区位优势显著。

鸦片战争以后,西方列强抢先开通了到上海的远洋航线。1844 年,有 44 艘次外国商船进入上海港。1845 年,美国商船驶入上海港，将美国至横滨的航线延伸至上海。1849年，进入上海港的外国商船达133艘次。1850年，大英轮船公司开辟香港至上海的航线。此后，法国、德国、日本等国商船也都开辟了至上海的远洋或近洋航线。此后，航线越来越密集，航班越来越多。1873年，中国第一家轮船航运企业轮船招商局在上海成立，派船航行日本、美国、东南亚和西欧等地，运货载客。到20世纪20年代，上海已成为世界级著名客运港口，从上海直达伦敦、马赛、汉堡、新加坡、旧金山、西雅图、温哥华、檀香山、神户等的航线，都有定期客轮，且每条航线都有好几家轮船公司经营，相互竞争。

与航线发达、航班众多相适应，上海港码头建设不断发展。到1870年，虹口境内黄浦江岸建有汇源、怡和、旗记、伯维船坞、顺泰、海津关、同孚、虹口、耶松船坞、耶松船厂、宝顺、仁记等十几个外商码头和船厂。到20世纪初，上海港已有5个码头可以停靠国际客船，分别是公和祥码头、太古码头、日本邮船会社三菱码头、亨宝洋行码头与宝隆洋行码头，虹口沿黄浦江地带已是上海最为繁忙的外洋客运中心。

出国留学是一项牵涉面众多的复杂工程，除了轮船、码头等硬件设施，还有管理、服务等许多软件需求，特别是留学预备工作，如出国前的培训、出国手续办理、服装置办与信息咨询等，都对离岸城市有所要求。近代上海在这些方面都在国内领先。

先看最早的留美幼童出国前的准备。1872—1875年，清政府分四批共派120名幼童留学美国。这些幼童就籍贯而言,广东籍84人,占70%;其余是江苏籍21人,浙江、安徽、福建、山东籍各有1到8人不等,广东籍占了三分之二以上。如果从航行距离考虑,从香港出发最合理,其时香港已有通往美国的航线。但是,这四批学生,不是从香港出发的,而是从上海出发的,原因在于,留学不同于简单的跨国旅行,不是买了船票、提了行李即可登船出发的,事先要有出国培训,包括中英文强化训练、官府训话、外国礼仪须知等教育。为此,清政府在上海设立西学局,建立出洋预备学校,聘请专门教师,负责此事。出国前培训,相当严格。相关章程规定:无事不准出门游荡,擅行私出三次者即除名撤退,争闹喧哗、不守学规、慢视教令、屡戒不改者,亦予以除名。学校规定:"夏令时五六点钟起上生书一首,八点钟用点心,写字一纸,请先生讲书。十二点钟午饭。一点钟至三点钟温理熟书,文义不明者质疑问难。四五六点钟习学外国语言文字。九点钟寝息。""冬令时七点钟至九点钟课中国书籍或课古文字一篇,讲先哲格言数则。"[16] 一位幼童回忆当年在预备学校学习的情景:"他们没有网球、足球及篮球,也没有这么多假日。那时只有中国阴历年、五月端午节及八月中秋节放假。故在学校读书时间多,而游戏时间少。学校监督是一位'暴君',他力主体罚,而且严格执行。但多少年后,幼童们仍然怀念他,他们恐惧他手上的竹板,但是他强迫大家读写中文,在幼童回国后,都能致用不误。"[17] 显然,要一届又一届地连续几年实施这样的出国前培训教育,对离岸城市的师资质量、管理能力等是一项很高的要求,其时中国沿海城市只有上海能够具备。

出国培训这类工作,不光官派留学需要,有些民间自费留学也同样需要。邹容在 1901 年秋,自四川赴日本自费留学,便是先在上海停留,进入江南制造局附设的广方言馆补习日语,然后再去日本。那时,上海外语培训班多如米铺,英、日、法语均有,日后又增添了俄语,以英语为多,日校、夜校均有,费用也不贵,很多人都是先在外语培训班打下一定外语基础以后,再出国留学的。最典型的是穆藕初,他赴美国留学时已经 34 岁,此前的英文基础,都是在外语培训班打下的。

上海远洋航线多,经营公司多,航班多,适应不同层次、不同服务需求,不同价格的舱位也多,这给旅客和留学人员提供了很大的选择空间。对于大批自费留学的人来说,上海更是比较理想的离岸港。

清末民初,很多出国手续是在上海办理的,上海有很多为留学服务的专门机构。比如,留学美国的护照,晚清时由上海道台衙门办理。申请护照,大约出发前一个月,可以前往办理,其他地方的省级海关衙门也可申请,但不如上海方便。申请护照的费用,自墨洋 10 元至 24 元不等,无一定价格,如能找到署内熟人,还可便宜一些,最便宜的只需不到 6 元。领取护照以前,需改换西装,上海西装店很多;需附近照 3 张，上海照相馆也很多。申请到美国签证的地方，在上海虹口黄浦路 36 号，费用为 2.4 元墨洋。购买到美国的船票也有讲究，清末上海只有协隆洋行一家经理，地址在外滩花旗银行隔壁，需事先选好船期与舱位。到旧金山的票价，一等舱 45 英镑；特别三等舱，20 英镑；三等舱，10 英镑。如果近期有传染病流行，申请人还须经美国在沪的专门医生检疫，给予无传染病的凭单，方可成行。此美国在沪医生，住在外白渡桥桥堍四川路 49 号。至于出国所需备的各种用品，包括衬衣、皮鞋、领带、帽子、毛巾、剃刀之类，南京路近泥城桥有几家专门商店，可供选购，相当方便。[18] 尤其需要注意的是，轮船启航前几天，要不时地打听开船准确信息，有时因为要避开台风影响，轮船会延期启航。这样，启航前便可能要在上海多逗留一些时间。这都加大了出国准备工作的难度。

至于赴法勤工俭学，准备工作难度更高，那是自费与组织相结合，即经费由各人自己负担，但由华法教育会在各地的分会具体组织，包括报名、签证、联系船票等事宜。赴法勤工俭学的学生，籍贯以四川与湖南二省最多，都是先从家乡到成都、长沙等各自省会集中，然后汇聚上海，一起出发。从上海至马赛或巴黎，全程需时要 40 余天。船上耗时较长，途中生活用品也要有充分的准备。因此，为赴法送行，成为一项重要活动。远洋客运码头所在地虹口一带，因一批又一批赴法勤工俭学生的到来，平添很多来自各地的送行人员，也增加了很多生意。是时，虹口码头附近的客栈，全都生意兴隆，人满为患。一些学校与居民家中，也会住满候船学生与送行亲友。每逢各地大批赴法学生来沪，或者每一批留学生乘船出发，上海各界特别是各地寓沪同乡组织，都要举行隆重的欢迎会或者送别会。留学生在黄浦码头登轮起航时，码头上都会车马纷纭，送行者络绎于道，蔚为壮观。

20 世纪 20 年代留学苏俄的中共党员、青年团员，很多人本来就在上海工作或生活，在上海外国语学社学习俄语，接受无产阶级革命基本知识教育，目标就是留学苏俄。比如，湖南籍的罗亦农，便在 1919 年来上海谋生，在法租界一家报馆当校对工，后来与陈独秀发生联系，进入上海外国语学社。这些学员主要来自湖南、安徽、浙江三省，都是长江流域的省份，而上海一向是这些地方人远赴海外的口岸城市。

民国时期，上海外国领事馆众多，也是上海留学文化发达的原因之一，因为领事馆是留学签证的机构。其时，留学主要目的地国家，美、英、法、德、比、日、苏俄，在上海都设有总领事馆。虹口及其附近地区，外国领事馆尤其集中，美国、日本、俄国驻沪总领事馆，都在黄浦路；德国、奥地利、荷兰驻沪总领事馆，都在或一度设在四川路。

三

近代从外国留学归来的知识分子，无论是自然科学、人文社会科学，还是工程技术、管理科学，相当部分选择定居上海，在上海谋求发展。

我们无法确知，究竟有多少留学生回国以后，留在上海发展他们的事业，但可以断言的是，这个数量一定相当可观，比例一定很高。

且以法律方面的留学人才为例。[19] 据研究，自 20 世纪 20 年代至 20 世纪 30 年代末，先后在上海工作或生活的归国法学留学生共计 374 人，其中归自东洋的 185 人，归自欧美的 189 人。[20] 他们的工作，包括做律师和在大学任教，有不少人既当律师，也在大学里兼任教授。1936 年，全国有资质进行法政教育的私立大学共 10 所，其中设在上海的有 4 所，即复旦、光华、大夏与沪江。[21] 同年，全国私立法政专门学校凡 7 所，其中设在上海的有 4 所，即上海法学院、上海法政学院、正风学院与中国公学。[22] 由此可见，上海在法学教育方面，在全国几乎占了半壁江山。

在这些法政学校，归国留学生占了绝对优势。1929 年，上海法政学院校董会有 11 人，其中 9 人是归国留学生；有教授 38 人，其中 22 人有留学经历。1933 年，上海法政学院有 57 位教授，有留学经历的为 41 位，没有留学的仅 16 位。1930 年，上海法学院校董会由 24 人组成，其中 18 人有留学经历。1933 年，持志大学法律系学历清晰的 9 位教授中，有 6 人是归国留学生。1949 年以前，复旦大学法学院学历清晰的 28 位教授中，19 位有留学经历。[23]

以上是法学系统的情况，再看一些综合性数据。1929年，大夏大学有54位教授，其中41人有留学经历，包括30位文科，11位理科。同年，中国公学有教员36人，其中25人有留学经历。[24]

从这些并不完整的数据，我们已经可以看出留学生的巨大影响力。再看学术界一些著名人物情况。据邹振环、忻平研究，生活在上海的归国留学生很多，不胜枚举。留法归来的有陈绵、巴金、梁宗岱、黎烈文、李健吾、戴望舒、王力、周太玄、李丹等；留英归来的有陈源、吕叔湘、徐志摩、伍蠡甫等；留美归来的有胡适、穆藕初、赵元任、王造时、罗念生、唐钺、冰心、梁实秋、何炳松、余家菊、潘光旦、李安宅、章益等；留日回来的最多，如张东荪、刘文典、郭沫若、成仿吾、陈望道、李达、李汉俊、陈启修、周佛海、田汉、夏衍、张资平、谢六逸、郁达夫、周昌寿、郑贞文、刘呐鸥、傅子东、王亚南、夏丏尊、楼适夷、穆木天、王学文、杨之华、郑伯奇等；还有不少是双重留学生，如任鸿隽留学日、美，文元模留学日、德，夏元瑮留学美、德，冯承钧留学德、比，焦菊隐留学英、法，杨端六留学英、德。[25]

留学生来源地很多，但那么多人最后选择上海作为其居留地与事业发展地，是上海城市对于留学人才拉力综合作用的结果。

上海在开埠以后，发展很快，外贸方面在1853年以后就超过了广州，成为全国外贸中心。1919年，中国排在前十名的城市依次是：上海、广州、天津、北京、杭州、福州、苏州、重庆、香港、成都。其时，上海城市人口 245 万人，比第 2 名广州（160 万人）多 85 万，比第 3 名天津（90 万人）多 155 万，是第 4 名北京（85 万人）的将近三倍。1935 年，上海已是远东第一大城市、世界第五大城市。1947 年，上海人口 430 万人，排在后面的依次为：天津（171 万人）、北京（163 万人）、广州（140.3 万人）、沈阳（112.1 万人）、南京（108.5 万人）、重庆（100 万人）。[26] 上海人口是排在第二位天津的 2.5 倍，是当时首都南京的 4 倍。民国时期，上海是全国多功能经济中心（贸易、金融、工业、商业、旅游、邮电等）、多领域文化中心（教育、科学、文学、艺术、新闻、出版等），也是中国与外国文化交流的枢纽。如此巨大的经济与文化体量，现代化方面的领先程度，使得上海对于从外国归来的留学人才吸引力巨大。诚如自法国留学归来的、曾翻译都德《娜拉女郎》和司汤达《红与黑》的四川人罗玉君所说："当年离开巴黎时我就想，只要这个世界上有地方放下我的书桌，有地方出版我的译著，有年长的年轻的读者喜欢我的书，珍藏我的书，那地方就是我眷恋的……正因为如此，巴黎留不住我，欧洲留不住我，四川太凋敝也留不住我，留住我的恰恰是上海。"[27]

对于留学生集聚上海的情况，留美归来的梁实秋，在述及民国时期上海文化人才时曾写道："同时有一批批的留学生自海外归来。那时候留学生在海外受几年洋罪之后很少有不回来的，很少人在外国久长居留作学术研究，也很少人耽于物质享受而流连忘返。潘光旦、刘英士、张禹九等都在这时候卜居沪滨。”[28] 难计其数的留学生在学得现代知识以后，返棹还乡，报效祖国，放眼望去，既能发挥所学知识，尽其所学，又能过上与留洋时相差无多的物质生活与精神生活，大概上海最为理想。

虹口是近代上海留学文化极为繁盛的区域。虹口区领导一向高度重视发掘、研究近代上海留学文化，特组织相关学者编写了这套丛书。丛书按留学目的地，分为赴美、赴日、赴欧与赴苏四卷。撰稿人何方昱、翟海涛、严斌林与杨雄威，都是对相关课题素有研究的专业学者。披览丛书，尽管各卷所涉国度不同，时代有异，相关留学生所学科目各有千秋，学生结构各具特色，但丛书有以下 4 个共同的特点：状其概貌，完整概括各卷研究对象的总体形态，包括时代特点、留学规模与社会影响；述其历程，清晰叙述留学各地的酝酿、起步、鼎盛与终止的演变过程，以及相关阶段的特征；析其特质，论述各地留学学生结构、所学内容、留学成就等特点，解释何以如此的社会根源；聚焦上海，突出虹口，不是泛论整个近代中国留学，而是在交代清楚面上概况以后，集中讨论与上海城市特别是与虹口的关联。

如果将四卷合在一起，我们可以清楚地看出，留学美、欧、日与苏俄，都与上海特别是虹口有重要的关联，但各有各的关联，其关联的因素并不完全相同，其影响也各有不同。

如果将宋耀如（留美）、严复（留欧）、鲁迅（留日）、柯庆施（留苏）比较一下，就可以发现他们留学的实践，与上海的关联便很不相同。宋属民间留学，严是官派，鲁迅是考取官费，柯是组织选送。宋、严并不是从上海出发的，但他们归国以后，都与上海城市发生了重要关联。这种关联，有的看上去是自我选择的结果，如鲁迅定居在虹口；有的则明显不是，如宋定居上海，是教会安排的；严在 1900 年以后自天津移居上海，属形势所迫；柯来上海做市领导，则完全是组织安排。当然，即使看上去是自我选择，深究起来，也还是整个社会发展大势与城市特点在起作用。鲁迅定居上海以前，也曾居留过好几个城市，最后，他没有选择北京、广州或厦门，而是选择上海，这显然是上海特有的城市品格正好与他的需求相匹配。他之所以选择定居虹口，而不是静安寺、法租界或其他地段，也有他自己的考量，其背后仍然与上海不同区域的特点有关。

对于关联的影响，可以想象的空间更大。如果我们深问一下，假如当年宋耀如没有留学美国，没有定居上海，那后果会怎样？后果有无数种可能，其中一种可能是显而易见的，即上海就没有宋氏三姐妹，就没有宋氏三姐妹留美，就没有宋子文等人留美，就没有所谓的宋氏家族，那整个民国史就将重写。如果把此类想象性分析发散开去，比如落实到蔡元培、胡适、章士钊、巴金、刘海粟等人身上，那我们就会看到一个完全不一样的近代上海文化图像。历史考据的结论从来不允许假设，但历史影响的分析从来不排斥假设。当我们沿着这一思路，放飞想象的翅膀，那我们对于留学与近代上海、留学与近代虹口的意义阐释，就会广阔得多、深入得多，也有趣得多。

在这个意义上，可以说，这套书对于梳理、解析近代上海城市精神与城市品格，具有无可替代的重要价值，值得一读再读。

熊月之

2023 年 2 月 18 日

言

Relinking
with the world

Study in the USA

注 释

1. 李喜所主编,刘集林等:《中国留学通史·晚清卷》,广东教育出版社 2010 年版,绪论,第 8 页。
2. 李喜所主编,元青等:《中国留学通史·民国卷》,广东教育出版社 2010 年版,绪论,第 2 页。
3. 王奇生:《中国留学生的历史轨迹》,湖北教育出版社 1992 年版,第 45 页。
4. 李喜所主编,刘集林等:《中国留学通史·晚清卷》,广东教育出版社 2010 年版,第 286 页。
5. 鲜于浩:《留法勤工俭学运动史稿》,巴蜀书社 1994 年版,第 58—63 页。
6. 王奇生:《中国留学生的历史轨迹》,湖北教育出版社 1992 年版,第 80 页。
7. 李喜所主编,刘集林等:《中国留学通史·晚清卷》,广东教育出版社 2010 年版,第 25 页。
8. 李喜所主编,刘集林等:《中国留学通史·晚清卷》,广东教育出版社 2010 年版,第 184—185 页。
9. 李喜所主编,刘集林等:《中国留学通史·晚清卷》,广东教育出版社 2010 年版,第 235 页。
10. 《留美中国学生之调查》,《教育杂志》1925 年第 17 卷 3 期,第 13 页。
11. 李新:《一个有待深入研究的重大课题——"留学生与近代中国研究"之我见》,《徐州师范大学学报(哲学社会科学版)》1995 年第 1 期,第 2 页。
12. 王奇生:《中国留学生的历史轨迹》,湖北教育出版社 1992 年版,前言,第 1 页。
13. 舒新城:《近代中国留学史》,上海文化出版社 1989 年版,第 212—213 页。
14. 朱景坤:《中国近代留学教育与中国高等教育近代化》,《徐州师范大学学报(哲学社会科学版)》2002 年第 3 期,第 41 页。
15. 白云涛:《留学生与中国院士的计量分析》,《徐州师范大学学报(哲学社会科学版)》2004 年第 3 期,第 9—15 页。
16. 《沪局肄业章程》,转引自李喜所主编,刘集林等:《中国留学通史·晚清卷》,广东教育出版社 2010 年版,第 85 页。
17. 温秉忠:《一个留美幼童的回忆》(1923 年 12 月 23 日),[美]高宗鲁译注:《中国幼童留美书信集》,传记文学出版社 1986 年版,第 76 页。

注 释

18. 濮登青:《游美灯》,美国留学生编:《美洲留学报告》,作新社1904年版,第83—86页。
19. 袁哲对此有较为细致的研究,详见袁哲:《法学留学生与近代上海(清末—1937年)》,复旦大学博士学位论文,2011年。
20. 袁哲:《法学留学生与近代上海(清末—1937年)》,复旦大学博士学位论文,2011年,第45页。
21. 设在其他城市的有6所,即南开大学(天津)、齐鲁大学(济南)、中华大学(武昌)、厦门大学(厦门)、广东国民大学(广州)与广州大学(广州)。
22. 其他3所设在北平,即中国学院、朝阳学院、北平民国学院。
23. 袁哲:《法学留学生与近代上海(清末—1937年)》,复旦大学博士学位论文,2011年,第77—88页。
24. 袁哲:《法学留学生与近代上海(清末—1937年)》,复旦大学博士学位论文,2011年,第84、88页。
25. 邹振环:《西书中译的名著时代在上海形成的原因及其文化意义》,《复旦学报》1992年第2期,第90页;忻平:《从上海发现历史:现代化进程中的上海人及其社会生活1927—1937(修订版)》,上海大学出版社2009年版,第106页。
26. 何一民:《中国城市史》,武汉大学出版社2012年版,第619—620页。
27. 金平:《上海眷恋》,《文学报》1990年2月15日。
28. 梁实秋:《忆〈新月〉》,《梁实秋散文集　第五卷》,时代文艺出版社2015年版,第248页。

言

Relinking
with the world

Study in the USA

20 世纪 20 年代的纽约

目录

目

录

引言

近代以来，上海之所以会取代广州的中外贸易中心地位，进一步成为中国近代航运中心，主要源自其得天独厚的地理环境。中国有数千公里沿海航线和千里长江航线，上海恰好处于长江和沿海航线的枢纽位置。从沿海和远洋航运来看，上海居于中国南北海岸线的中点，邻近太平洋航线。这条世界航线由太平洋西岸经日本、中国、东南亚之间，而上海正是所有太平洋主要商业航道的汇合处，也是中国南、北沿海航线的枢纽。从内河航运观之，上海则扼万里长江的出海口。[1]

北外滩位于虹口区南部，与陆家嘴、外滩构成上海发展的“黄金三角区”。1843 年上海开埠后，北外滩成为上海最重要的水路港口。19 世纪 60 年代以后，新兴的轮船逐渐替代西式帆船，原有的驳船码头不敷使用，各大洋行选择在水深条件较好的虹口及浦东沿江地区停泊，并开始建造轮船码头，以期容纳更多进入上海港的外国轮船。1861 年，英商宝顺洋行在虹口建造了上海第一个轮船码头，自此海内外移民大量聚集，各国元首、文化名人由此踏入内陆，更多的

19 世纪 80 年代的黄浦江

中国人从这里启航，奔赴更广阔的世界，故虹口北外滩也被称作“中国睁眼看世界的起航地”。

一、建造码头

上海港码头的建造，与租界的成立紧密相连。1843 年 11 月 9 日，上海道台宫慕久与英国首任驻沪领事巴富尔会晤，议定于 11 月 17 日开埠。1845 年 11 月，以《上海租地章程》为开端，英、法、美等国相继在上海强行开辟外国人居留地，后来演变为租界。1845 年 11 月 29 日，宫慕久发出告示说：“兹体察民情，斟酌上海地方情形，划定洋泾浜以北，李家庄以南之地，准租与英国商人，为建筑房舍及居住之用。”告示中对南、北界限做了规定，东、西界限则没有明确。1846 年 9 月 24 日，巴富尔又与宫慕久谈判确定：东到黄浦江，西到界路（即今河南中路），南到洋泾浜（即今延安东路），北到李家庄（即今北京东路），全部面积 830 亩。“永租”为外国人居留地。这就是最早的英租界。[2]

1848 年，法国驻上海第一任领事敏体尼到任，他租下了一幢位于洋泾浜和上海县城之间（即今金陵东路附近）的民房作为领事馆。不久，他又向上海道台交涉，以 1844 年中法《黄埔条约》规定法国人可以自由“租赁房屋”和“自行租地建屋”为根据，强迫上海道台麟桂划定法国人的居留地。1849 年 4 月 6 日，麟桂贴出告示，宣布“勘定上海北门外一处地：南至城河，北至洋泾浜，西至关帝庙褚家桥，东至广东潮州会馆沿河至洋泾浜东角，注明界址”。[3]

美国对此也不甘落后。1848 年，美国圣公会在上海的主教文惠廉已在苏州河北岸虹口一带广置土地、建筑房屋，划为美国人的居留地，并向上海道台提出建立美租界的要求。经交涉，上海道台同意将虹口一带作为美租界。当时并无正式协定，四周界址也未明定。[4]后来，虹口与英租界之间建立浮桥，虹口居民逐渐增多。1863 年 6 月 25 日，美国领事熙华德与上海道台商定“计自壕沟起，沿苏州河至黄浦江，过杨树浦三里之地，由此作一直线至壕沟”为美租界。[5]这样，英、法、美在上海的租界就先后建立起来了。1863 年

9 月，英美租界合并成立“公共租界”。

从以上租界的建立及之后不断扩张的过程来看，无论英租界、法租界还是美租界，最初都建立在沿黄浦江的一条狭长地带上。这是因为外国列强从事贸易、倾销货物甚至走私逃税都是以船舶为工具来进行的，而船舶的停靠、货物的装卸又离不开码头。法国商人雷米在法租界建立前给法国领事敏体尼的信中直言：“我很希望……租些地面，起造商行……总想沿着河浜，伸张得越远越妙。”[6] 其建造码头开展贸易的商业目的彰明较著。租界建立之后，最初几次扩张，如 1861 年法租界向南扩展和 1873 年公共租界向虹口扩展，也都是从同样目的考虑的。一直到 19 世纪末 20 世纪初，1899 年公共租界的向西扩展和 1900 年法租界的向西南扩展，才是出于建设工厂和其他的目的。

鸦片战争之前，上海港码头多集中在上海县城东南的黄浦江边，约有踏步式石砌码头泊位 10 余座。上海开埠后，上海县城东北自苏州河南岸至洋泾浜之间的黄浦江西岸被划为外国船只停泊区，外商在那里建造起两座驳船码头。1846 年，英租界道路码头委员会成立，专门负责租界内道路码头等市政建设，其中包括建筑公用码头及替各洋行代建私用码头。[7] 道路码头委员会最初建造的是一种砖石结构、台阶式的小型码头，集中在英租界内今延安东路到北京东路沿黄浦江一段的范围内。外国船进入上海港后，因为吃水较深，不能直接靠上码头，一般抛锚在码头对面的黄浦江中，用驳船往返驳运货物。使用驳船有两个作用：一是解决外国船不能直接靠码头的矛盾；二是利用驳船作为走私逃税的工具。因为这种码头专为驳船停靠使用，所以称为驳船码头。驳船码头占地面积小，造价低廉，建造简便，短期内即可投入使用。因此，外国洋行争先恐后地抢占地皮，建造这种码头。[8]当时，外滩每家洋行门口差不多都建造有一座驳船码头。洋行楼上作为办公场所，楼下即作为货物堆栈。各座驳船码头为各自洋行的航运贸易服务。比如怡和洋行门口建造的就叫怡和码头。怡和码头是当时驳船码头中存在时间最长的一座。除了洋行各自的驳船码头外，还有海关使用的驳船码头。

第一批驳船码头是1846年由道路码头委员会建成的，一共两座，一座供商船货物过驳使用，另一座供海关验货使用。这两座驳船码头建成后，由于使用灵活方便，洋商随即于1847年又建了四座驳船码头。以后又陆续兴建，到1849年，外滩已建成十多座驳船码头了。19世纪60年代以后，由于《天津条约》和《北京条约》的签订，中国被迫对外开放的通商口岸由原来的五个增加到十六个，外国列强获得了沿海贸易权和内河航行权，这时，进出上海港的外国船只急剧增加。以1863年与1857年相比，进出口船舶总吨位猛增五倍。由于船舶增多，原来的驳船码头不仅在数量上不敷使用，而且由于轮船逐渐代替帆船，轮船吨位更大，载货更多，依靠驳船往返装卸费时费事，也不能满足轮船周转

20 世纪 20 年代的上海码头

的需要。于是各国列强纷纷建造适合停靠轮船的码头，掀起了第二次建造码头的高潮。1864 年 10 月，英国领事照会上海道台说："自天津议立和约，长江通商之后，上海贸易甚广，船只日多，常在浦江停泊。从前船少，所泊地方近便，装卸各货，可以用驳船装运。现在江面拥挤，泊船甚远，驳船装运不便，因此众商多于浦江两岸设立栈房，建造码头。"其实，洋商早已从 1860 年起就开始建造轮船码头了。[9]

19 世纪 60 年代，随着轮船的兴起，船型越来越大，驳船码头已无法适应轮船装卸的需要，修建大型的轮船码头成为当务之急。但建造轮船码头，必须要有相应的仓库、堆栈相配套，而此时，外滩一带洋行林立，已无空地，江边又是南北主要通道，地价高昂，不适合建大型码头仓库。

各大洋行开始在停泊条件较好的美租界虹口及浦东沿

江相继建造轮船码头。最早的外商轮船码头是1861年由英商宝顺洋行、美商旗昌洋行先后在虹口建造的。其中宝顺码头长121英尺(36.9米),旗昌码头长70英尺(21.3米)。[10]

外商为了建造轮船码头,同时向陆上和水面大肆扩张。在陆上,主要向虹口和法租界外滩两个方向延伸。因为轮船码头与驳船码头不同,必须有相当的仓库堆场相配合。原来建造驳船码头的外滩沿江一带,洋行林立,已无空地。这时,外商看到虹口沿江地段适中,水深流缓,岸上又有足够的空地,是建造轮船码头的好地方。于是,在外国领事的支持下,外商纷纷在虹口沿江地带建造码头。1860—1861年,英商怡和、宝顺,美商旗昌等洋行都在这一带建造了轮船码头。特别是1863年英美租界合并,并在苏州河上架设桥梁之后,虹口一带建造的码头就更多了。[11]

1864年在虹口建成公和祥码头。到1870年左右,虹口一带建立了十处近代的大型码头。此后因浦西岸线有限,外商又向浦东沿江建造码头、仓库。外商依靠强权和领事的支持,强迫上海道台同意其在浦东购置地皮,兴建码头和仓库。1873年招商局成立,也在浦西和浦东建造一系列码头和仓库。于是从南码头至虹口港的黄浦江东西两岸形成上海港的中心区域。从20世纪30年代至全民族抗战爆发前夕,上海港的吨位仅次于纽约、伦敦、神户、洛杉矶、汉堡、大阪港,踞世界第七位。上海港已跻身世界大港之列。[12]

当时建造的轮船码头有两种形式。一种是在驳船码头之外,另用几艘木船,用铁桩支架,使之固定,并用锁链使各艘木船连接一起,在木船与码头之间再用栈桥相连,这就是最早随潮浮沉的浮码头。后来,浮码头有了改进,将驳船码头拆除,并用木质帮通代替木船(以后又用铁质帮通代替木质帮通)。帮通与帮通之间用栈桥连接,有的还在帮通内储存货物,当作临时货栈使用。而连接帮通与陆地的栈桥也从二三尺宽扩展到一丈多宽,改进了结构,提高了负荷能力。这种方式被使用了很长时间。另一种是以大木打桩建造的固定码头。

早期,这些洋行或轮船公司一般都在离码头不远的地方建造低层的办公楼、仓库和货栈,办公楼的底层作为营业场所,上层作为宿舍,楼的四周留有空地,种植花木,楼房上下都有阳台,傍晚时分可以闲坐聊天,喝着威士忌,欣赏浦江景致。这些新式洋楼与江岸并行排列,并以狭长的马路——黄浦滩路隔开,在黄浦江沿岸形成了一条狭长的地带,这就是著名的外滩。在早年拍摄的上海外滩的老照片中可以一睹当时的实景。小刀会起义和太平军进攻上海期间,有大量的中国人涌入新区,其中不乏富商巨贾,他们纷纷在沿江地带建筑住宅、商店,与外国人所建的洋行、银行、教堂、领事馆、市政机构、跑马场、公家花园等一起,共同构成了上海新市区的雏形,“停车者踵相接,入市者目几眩,骎骎乎驾粤东、汉口诸名镇而上之”,逐渐成为上海最繁华的区域,演变成上海城市的中心和重心。[13]

20 世纪初的外滩

自 19 世纪六七十年代起，轮船兴起，船舶吃水加深，黄浦江下游及出口处的吴淞内沙及外沙严重阻塞了航道，大吨位船舶只得靠泊吴淞。从 1906 年起，上海浚治黄浦工程总局（后为上海浚浦局）开始对黄浦江进行大规模的整治。至 1912 年，吴淞外沙水深由整治前的 4.7 米增至 6.7 米，吴淞内沙已不复存在。至 1920 年，3000 吨级的船只进出上海港已不需候潮，万吨级船舶可乘潮驶入港内。[14]

二、开辟远洋航线

近代上海港的繁荣，主要依赖于对外的航运贸易。不断发展的远洋运输使上海港成为中国最大的外贸口岸。外贸物资在上海港汇聚、中转，又带动了内贸物资的流通。五口通商时期，上海港的远洋运输尚属萌芽阶段，来去欧美的物资大多在香港中转。苏伊士运河开通后，上海港的远洋运输进入初创阶段，相继开辟了一部分欧美直达航线，但数量有限。

19 世纪 60 年代初期，在中国经营航运的外籍船只仍以西式帆船为主。除在华的洋商拥有极少数轮船行驶沿海及中国日本间的短程航线外，大英轮船公司是最早来我国开辟定期航线的远洋轮船公司。该公司成立于 1837 年，1840 年在英国政府和东印度公司每年给予补贴的条件下，开辟从英国至印度的定期航线，并输送邮件。法国邮轮公司，也于 1862 年将轮船航线从越南延伸到中国，由上海旗昌洋行临时代理。这两家公司的规模相仿，都是各接受其政府津贴的主要轮船公司。1866 年英国海洋轮船公司派“亚加米农”号（1672 吨）首航中国，装载茶叶等驶回伦敦。当时该公司在上海的代理行为普莱斯敦·布莱涅尔洋行。上海太古洋行成立后，海洋轮船公司在华的代理行就一直是太古洋行。[15]

美国太平洋邮船公司（Pacific Mail Steamship Company），又称花旗轮船公司或万昌轮船公司，19 世纪 60 年代中叶开始，开辟了从美国加利福尼亚至香港的横跨太平洋的航线。它的第一艘轮船“科罗拉多”号于 1867 年 2 月到达香港。从此出现了大批环球旅行的旅客。东方的茶叶、丝、鸦片、靛青等重要商品由轮船运往美洲太平洋沿岸。1868 年旗昌洋行是该公司的上海代理行，当年2月25日公司的“哥斯达黎加”号（1084吨）从日本抵达上海，之后装载茶叶等经长崎、横滨返回美国。为了开辟这条邮政航线，在1868—1877年这十年中，美国政府给予该公司450余万美元的津贴。[16] 1867年，美国太平洋邮船公司开辟了从横滨经神户、长崎到上海的一月三次的定期航线，其所使用的船只也是超过英法等国的大型船舶，由此掌握了日本东海岸大量的客货运输。[17]

1895年以后，上海港的远洋运输进入了大发展阶段，远洋航线纷纷开辟。这一时期，在上海港的远洋航运中，英国虽无大的发展，但仍然保持垄断地位，日、俄、美、德均有扩张，其中又以日本为最。19世纪80年代中期，日本三菱会社在政府的干预下进行了改组，与新出现的共同运输会社合并，成立了至今仍在世界海运界赫赫有名的日本第一大海运公司——日本邮船公司。日本近代的海运业，也由此跨入一个新的阶段。[18] 1896年日本邮船会社开设了横滨至伦敦航线，1898年又开设了香港至西雅图航线。另一家日本轮船公司东洋汽船会社几乎同时开设了香港至旧金山航线。这3条航线和日本邮船会社于1893年就已开设的神户至孟买航线，都以上海港为中途主要停泊港。这些航线是日本政府给予财政补助的所谓“命令航线”，所以，日本直接从国外进出中国通商口岸的船舶吨数，经过短短的两三年时间，1899年便一跃而超过俄、法、德国，仅次于英国而占第二位。[19] 正是在日本政府的补助下，几年之间，由日本辐射到各大洲的远洋航线网迅速建立，显示出日本海运势力海外扩张的强劲势头。为此日本政府付出了巨大财力。据统计，1898 年海运补助金就占当年日本政府财政总收入的 4.6%，以后大致保持这个水平，1903 年更达到 5%，直到 1911 年仍占 3.6%。[20]

甲午战争后，美国再次把注意力转向中国等远东地区。1896 年美国太平洋邮船公司重新派船来上海。接着，一大批美商轮船公司竞相开设通向上海的远洋航线，其中在 19 世纪末及 20 世纪初（日俄战争前）数年间开设航线的有北太平洋邮船公司、波特兰亚洲轮船公司、加利福尼亚轮船公司等。1905 年，大来洋行也在上海开设分行，备有 7000 吨级的轮船 3 艘，在旧金山和上海、香港间进行不定期航行。在这几年中，美国轮船在上海港进出的数目逐年增加，但从 1907 年起又逐年下降，所占的比重远远落后于英、日、德等国。1901 年北德意志轮船公司和亨宝轮船公司合作经营欧亚邮船航线，轮流从汉堡、不来梅发船，经香港、上海、北至青岛港，东到日本的横滨，合计约有 30 只大型轮船航行于这条航线。还有利嘉茂轮船公司也在这时开设了汉堡到上海、大连、海参崴的航线。到 1911 年，德国远洋轮船进出上海港的艘数和吨位，居日本之后列第三位。

英国面对中国远洋航线上列强的激烈竞争，也不断增添新轮，改造大轮和快轮，以保持其优势地位。以英国最大的远洋轮船企业大英轮船公司为例，到1911年前后，该公司所用轮船已普遍由原来的四五千吨船换成八九千吨船，其中还有几艘15000吨，航速18海里以上的大船。至1913年，进出上海港的远洋货船总吨位已达到15162888吨，占进出上海港轮船总吨位的77.4%，比重之高，令人瞩目。

1914年8月第一次世界大战爆发后，德、奥船舶不再来上海，英国商船或因战争损失或应征军用，使欧亚航线的航运量大为减少，进出上海港的远洋货轮吨位也逐年下降。但是，在第一次世界大战期间，中断数年的中美航线开始恢复并迅速发展，日本在远洋和中日近海航运方面也乘机扩张，加上由中国华侨开办的远洋运输，多少弥补了一些欧亚航线方面的不足。[21]

1916年9月，美国太平洋邮船公司除使用三艘8000吨的邮船维持美国至中国的定期航班外，另备八艘7000吨的货船作为补充，加上美商大来洋行运输木材的货船，美孚石油公司的油船和其他船只，美国进出中国通商口岸的船只吨位在1917年超过110余万吨，其中绝大多数船舶以上海港为起讫港或中途停泊港。日本邮船会社在1915年1月至1920年5月间，新开设远洋航线13条，其中途经上海港的远洋航线有5条。此外，中日近海航线中，通向上海港的有大阪、神户至上海线，横滨至上海线，大阪经上海至汉口线，名古屋至上海线等4条。大阪商船会社在1913年至1918年间也开设远洋航线，其中经过上海的有北美线、汉堡线、纽约线、澳洲线、喀尔格达线等5条。还有近海的高雄、天津线也途经上海港。[22]

与欧美列强及近邻日本相较,中国轮船航运业的发展过程举步艰难、障碍重重。尽管中国领水中出现西洋轮船远比日本早,但直到1873年1月正式挂牌营业的中国第一家轮船公司——轮船招商局出现为止,中国轮船航运业的酝酿创办此前经历了十多年的难产时期。从19世纪60年代开始,十数年间旗昌、省港澳、公正、北清、太古、华海等外国专业轮船公司相继创办,部分外国远洋轮船公司,如大英、法兰西火轮、美国太平洋邮船等公司尚不在内。这些公司资力雄厚,在各口遍设分支机构,拥有各自的码头、仓栈、保险系统,从而在中国江海航线上形成了相当完整的外商轮船运输体系。[23]外国列强在中国积极拓展其航运势力,扩张迅速,给中国带来的最直接后果就是中国旧式的木船运输业遭到严重摧残,木船闲置,大量船民失业,流离失所,上海的沙船业也迅速衰落。更重要的是,传统商品贸易受到严重影响,亦对漕粮运输构成了直接威胁。事实上,与西方事务较早接触的晚清重臣曾国藩、李鸿章、左宗棠等人早已察觉到西式轮船的优越性能,在他们给清廷的奏折中,提出设厂造船及鼓励华商置买洋船的建议。但此后历史的发展证明,在中国设船厂造兵轮较为顺利,发展民用航运业则大费周折,与日本顺利兴起民用航运业形成鲜明对照。这其中固然与晚清政府认识的局限性有很大关系,也与洋务派与顽固派之间

轮船招商局

的矛盾与斗争密不可分。

1873 年 1 月 17 日，以上海沙船业巨商朱其昂为负责人的轮船招商局在上海正式开办，宣告了近代第一家中国资本企业——轮船招商局的诞生。同年 7 月，唐廷枢出任招商局总办，重订《轮船招商章程》，朱其昂、徐润、盛宣怀、朱其诏等四人为会办。开局三年，招商局就在经济上收到了"分洋商之利"的效果。轮船招商局的有效经营，使外资轮船公司的营业深受影响，从 1874 年开始，英美各家轮船公司的年利润明显减少，曾称雄一时的美国旗昌轮船公司所受影响更为严重。1873 年以前，旗昌股东每年可以稳获 12% 以上的红利，但至 1874 年以后，每年红利仅为 7%。在这种情况下，旗昌洋行的行东准备盘出轮船公司产业，将资金转向美国国内。1877 年初，旗昌开始与招商局接洽，经双方反复商议，最后议定，以规银222万两的价格将旗昌轮船公司卖给轮船招商局，其中200万两用作购买旗昌船队、旗昌在上海的栈房、码头、船坞以及旗昌的其他各项贷产。主要包括：江海轮船16艘，在上海的金利源码头和栈房，宁波码头和栈房，老船坞栈房，江船坞机器厂，金东方码头，在上九汉口的趸船等。2月12日，招商局与旗昌订立正式合同，招商局从此成为中国水域最强劲的竞争者，也一跃成为中国近代第一个也是规模最大的中国轮船民族资本企业。[24]

招商局创立后，迅速以上海为中心，开辟了从上海到汕头的中国商轮第一条沿海商业航线、从上海到汉口的中国商轮第一条长江航线和从上海到日本神户的中国商轮第一条远洋商业航线。在短短十年时间内，不仅一举打破了外国船运公司垄断中国航运业的局面，而且使得飘扬着双鱼龙旗的中国商船出现在了南亚、东亚、太平洋、大西洋等海域，大长中国人志气。除开辟航线外，招商局还在上海浦东、虹口（今北外滩）等自置了码头、栈房，这些都对上海早期航运业的发展起到了积极作用。[25]

三、赴美航线的经营

1845年3月，美国商船“巴拿马”号轮船驶入上海港，开辟了美国至上海的航线。[26]19世纪末至20世纪上半期，欧美的轮船公司在亚洲，特别是在中国沿海地区、长江流域等展开了航运活动。1867年,美国的太平洋邮船公司开设了从旧金山经由日本横滨到达香港的定期航线,又于1871年开设了从横滨经由神户、下关、长崎到达上海的支线。由此,从上海到横滨再换乘至旧金山变得方便许多。1875年,东西洋轮船公司开设了从旧金山经由横滨到达香港的航线。加拿大的加拿大太平洋铁道公司的轮船——加拿大太平洋铁道公司英国皇家邮轮于1887年开设了从加拿大温哥华经由横滨、神户、长崎、上海、厦门到达香港的航线。与之相抗衡的是日本邮船公司,1896年,日本邮船公司开设了到达美国西北部华盛顿州的西雅图,再从西雅图利用大北铁道到达纽约的航程。从1871年至1896年的25年期间,美国、加拿大的轮船公司几乎垄断了整个北太平洋航线。[27]

从19世纪70年代初到20世纪最初五年,通过每期登载于《字林西报》的出航信息,可以了解太平洋邮船公司的轮船航行情况。该公司在从上海至日本的航线上使用了"俄勒冈"号、"黄金时代"号、"哥斯达黎加"号、"纽约"号及"阿里尔"号等5艘1000吨级轮船,这些轮船航行在从上海经由长崎、神户到达横滨的航线上。从横滨到达上海需要航行8天左右,而从长崎到达上海需要航行3到4天。在横滨换乘该公司前往美国的轮船,十几天便可到达旧金山,再横跨美国大陆的铁道,大约7日可到达纽约,共计20多天的路程。与曾在美洲留学的容闳于1847年前往美国时相比,可以节省三分之二的旅程时间。此后,直到1875年1月日本的三菱邮政轮船公司开设上海航线为止，太平洋邮船公司一直在横滨—上海的航线上处于垄断地位。[28]

根据《日本每周邮报》上的“船客信息”可知，1870年1月20日，在从上海出发到达横滨港的“纽约”号上，除了一些去往旧金山的欧美人，还有8名中国人，这些中国人是从上海出发经由横滨，再搭乘太平洋邮船公司的轮船去往旧金山的。同年6月18日停靠横滨港的“中国”号（3000吨）于6月11日从香港出发，历时8日到达横滨。该船上搭乘有561名乘坐三等舱从香港去往旧金山的中国人。由于他们的目的地是旧金山，又是由香港乘船出发，因此在这些人中，很可能大多数人都来自离香港较近的广东省。同样，于9月12日从香港出发，9月20日到达横滨的“大共和国”号轮船上，搭乘有100名乘坐三等舱从香港去往旧金山的中国人。该船在3日后的9月23日从横滨出发前往旧金山时，乘坐三等舱从横滨前往旧金山的中国人已变为394名。这394名中国人并不都是从香港出发去往旧金山的，或许许多人是从上海或别的船航行至横滨，再在横滨搭乘“大共和国”号轮船。[29]

从19世纪后半期60年代至90年代，美国与加拿大的轮船公司开设了北太平洋的定期航线，许多中国人便利用美国太平洋邮船公司与东西洋轮船公司，以及加拿大太平洋铁道公司的轮船，横渡太平洋，到达北美。道光二十八年（1848年），仅有福建、广东的五六名中国人渡海到达金门，

言

Relinking
with the world

Study in the USA

THE NORTH-CHINA DAILY NEWS, THURSDAY, OCTOBER 14, 19[illegible]

ARRIVALS.

Name.	Tons	Captain.	Flag	From.	Where berthed	Consignees.
Headley	2011	Butler	Br			A Karberg & Co
Pekin	1274	Stott	Br	Ningpo	CNCW	B & Swire
ungshin	999	Miller	Chi	Ningpo	NSCW	Ningshao S N Co
Kiangkwan	5450	Howie	Chi	Hankow	KLYW	C M S N Co
Hirata Maru	1354	Kishi	Jap	Japan	WSW	N Yusen Kaisha
Hsinming	1428	Blethen	Chi	Chefoo & T'tsin	KLYW	C M S N Co
uiwo	1931	Sellar	Br	Hankow	SHW	J M & Co Ld
Meishun	1151	Ratke	Ger	Hankow	MLNDW	Melchers & Co
Miyazaki Maru	[illegible]	Murai	Jap	Hongkong	B VIII	N Yusen Kaisha
Chiyuen	2111	Stewart	Chi	Hongkong	KLYW	C M S N Co
Liberia	2387	Knaisel	Ger			H-America Line
Shuntien	1081	Meathr	Br	Tientsin	CNCW	B & Swire
ovan Maru	1217	[illegible]	Jap	Japan	MBKW	M B Kaisha
Tientsin	1227	Boyd	Br	Hankow	WTW	B & Swire
Manju Maru	1030	Watanabe	Jap	Japan		M B Kaisha
Chikugo Maru	1589	Hiortdahl	Jap	Japan	NYKW	N Yusen Kaisha
Romany	2579	Powell	Br		OWSB	A Karberg & Co

CLEARANCES.

Name.	Tons	Captain	Flag	Destination.	Cargo.	Dispatched by
elun	865	Solum	Nor	Suminoye		Moller Brothers
mbria	3233	Deinat	Ger	Europe v H'kng	General	H-America Line
d. Tirpitz	1195	Arteit	Ger	Kiaochou	do	H-America Line
aintau	987	Stehr	Ger	C'po & N'wang	do	H-America Line
Yatshing	1424	Houghton	Br	C'foo & N'chang	do	J M & Co Ld
aikio Maru	1652	Abe	Jap	Dairen	do	N Yusen Kaisha
achang Maru	1608	Hasekawa	Jap	H'kow & Ports	do	N Kisen Kaisha
rankin	1719	French	Br	H'kow & Ports	do	B & Swire
akhoi	1277	Gibbs	Br	Newchwang	do	B & Swire
nhui	1355	Harris	Br	H'kong, Canton	do	B & Swire
amsui	919	Lennox	Br	Amoy, Swatow	do	B & Swire
wangping	1243	Wateon	Br	T'tsin, C'angtao	do	C Eng & M'ing Co
wangtah	1536	Lunt	Chi	H'kong, Canton	do	C M S N Co
oochi	831	Chandler	Chi	Tientsin	do	C M S N Co

DEPARTURES.

Name.	Tons	Captain.	Flag	Destination	Cargo	Dispatched by
oonshing	1888	Leask	Br	Chefoo & T'tsin	General	J M & Co Ld
engtien	1073	Dewar	Br	W'ei, C'fo, T'tsin	do	B & Swire
lping	1605	Macfarlane	Br	Chinwangtao	do	C Eng & M'ing Co
veric	4011	Shotten	Br	A'rica v Japan	do	Dodwell & Co Ld
hina	3186	Friele	Am	Am via Japan	Mails, etc	P M S S Co
imalaya	3700	Spicer	Br	Europe v H'kg	do	P & O S N Co
angping	1222	Udden	Br	Japan		Tung Kee & Co
ockwo	2856	Sandbach	Br	H'kow & Ports	General	J M & Co Ld
oyang	1897	Carnaghan	Br	H'kow & Ports	do	B & Swire
eidah	1150	Mitch	Ger	H'kow & Ports	do	Melchers & Co
sinyu	1027	Richards	Chi	Foochow	do	C M S N Co
ning	1159	Klepfer	Chi	Tientsin	do	C M S N Co
anoura Maru	1140	Nakayasu	Jap	Wakamatsu		M B Kaisha
lv	885	Pedersen	Nor	Tientsin		Thoresen & Co
ngshing	1173	Stalker	Br	Antung	do	J M & Co Ld
iental	3085	Valentine	Br	Japan	do	P & O S N Co
glun	975	Larsen	Chi	Japan		Thoresen & Co
beria	2387	Knaisel	Ger			H-America Line
ingshun	809	Markussen	Chi	Japan		Wallem and Co
aucus	3591	[illegible]	Br	Europe v H'kg	do	B & Swire
ksang	977	McClure	Br	Kiaochou	do	J M & Co Ld
kin	1274	Stott	Br	Ningpo	do	B & Swire
ngshin	999	Miller	Chi	Ningpo	do	Ningshao S. N. Co

AT WOOSUNG.—At 3 p.m. yesterday—Nil. Outside Woosung Spit Buoy—hi, Chi. cru.; Haishen, Chi. cru.; Chuyuw, Chi. g.-b.; Chutung, Chi. g.-b.; at, Chi. g. b.; Chuchieng, Chi. g.-b.; Chukwon, Chi. g.-b.; Kianglee, Chi. g.-b.; hung, Chi. g.-b.; Kiangyuen, Chi. g.-b.; Kiangchin, Chi. g.-b.; Feiying, Chi. Romany, Br. str.; Ambria, Ger. str.

LOADING VESSELS FOR RIVER PORTS.

HANKOW and PORTS. — The Steamer Kiangkwan, Capt. J. B. Howie, will leave on Thursday night, the 14th inst. For Freight or Passage apply to C. M. S. N. Co. 3194 14-10

HANKOW and PORTS. — The Indo-China Steam Navigation Company's Steamer Suiwo, 2,671 tons, Capt. Sellar, will leave on Thursday, the 14th inst., at about 12 o'clock (midnight). For Freight or Passage apply to Jardine, Matheson & Co., Ld., Agents. 3248 14-10

HANKOW and PORTS. — The Compagnie Asiatique de Navigation str. Lifong, Capt. Jourdan, will be dispatched on Thursday night, the 14th inst. For Freight or Passage apply to Compagnie Asiatique de Navigation—Racine, Ackermann & Cie., Directeurs. 3199 14-10

HANKOW and PORTS. — The Nisshin Kisen Kaisha's Steamer Siangyang Maru, Capt. J. A. Scott, will be dispatched from N. Y. K. Wharf on Thursday, the 14th inst., at midnight. For Freight and Passage apply to The Nisshin Kisen Kaisha, No. 5, The Bund. 3200 14-10

HANKOW and PORTS. — Norddeutscher Lloyd — Melchers & Co. — The str. Meilee, Capt. M. Ratke, will be dispatched on Thursday, the 14th instant, at midnight. For Freight or Passage apply to Melchers & Co., General Managers. 3201 14-10

HANKOW and PORTS. — The Indo-China Steam Navigation Company's Steamer Kutwo, 2,662 tons, Capt. Holmwood, will leave on Friday, the 15th instant, at about 12 o'clock (midnight). For Freight or Passage apply to Jardine, Matheson & Co., Ld., Agents. 3247 15-10

HANKOW and PORTS. — The China Navigation Company's Steamer Kiniing, Capt. Newcomb, will leave from the French Bund on Saturday next, the 16th inst., at about 12 o'clock (midnight). This steamer has extra large staterooms (electric fans fitted), Smoking Room, and all the conveniences usually found in a first-class Mail Steamer. An excellent table, including wines, is provided. For Freight or Passage apply to Butterfield & Swire, Agents, French Bund, Tel No. 77. 3283 16-10

HANKOW and PORTS. — The Nisshin Kisen Kaisha's Steamer Talee Maru, Capt. N. Satoh, will be dispatched from Laopaoloo Wharf on Saturday, the 16th inst., at midnight. For Freight and Passage apply to The Nisshin Kisen Kaisha, No. 5, The Bund. 3288 16-10

NORTH CHINA COAST PORTS

TSINGTAO. — The Hamburg-Amerika Linie. — The str. Admiral v. Tirpitz, Captain Arteit, will leave on Thursday, the 14th instant, at 12.30 p.m. A launch conveying passengers on board, will leave the Customs jetty at Noon on the same day. For Freight or Passage apply to Hamburg-Amerika Linie, 2a, Kiukiang Road, Telephone 425. 3182 14-10

CHEFOO and NEWCHWANG.—The Indo-China Steam Navigation Company's Steamer Yatshing, Capt. Houghton, will leave on Thursday, the 14th inst., about 11 o'clock a.m. For Freight or Passage apply to Jardine, Matheson & Co., Ld., Agents. 3105 14-10

CHEMULPO and NEWCHWANG. — The Hamburg-Amerika Linie.—The str. Tsintau, Captain Stehr, will leave on Thursday, the 14th instant, at 12.30 p.m. A launch conveying passengers on board, will leave Customs jetty at Noon on the same day. For Freight or Passage apply to Hamburg-Amerika Linie, 2a, Kiukiang Road, Tel. 425. 3078 14-10

CHEFOO and TIENTSIN. — The Steamer Hsinming, Captain G. C. Blethen, will leave on Friday morning, the 15th inst. For Freight or Passage apply to C. M. S. N. Co. 3278 24-10

CHEFOO and NEWCHWANG. — The China Navigation Company's Steamer Tientsin, Capt. Boyd, will leave on Friday morning next, the 15th instant. For Freight or Passage apply to Butterfield & Swire, Agents. 3284 14-10

TSINGTAU, CHEFOO and TIENTSIN. — The Hamburg-Amerika Linie. — The str. Sikiang, Capt. Helfer, will leave on Sunday, the 17th instant, at 12.30 p.m. A Launch conveying passengers on board will leave the Customs jetty at Noon on the same day. For Freight or Passage apply to Hamburg-Amerika Linie, 2a, Kiukiang Road, (Telephone 425). 3287 16-10

WEIHAIWEI, CHEFOO and TIENTSIN. — The China Navigation Company's Steamer Shuntien, Captain Meathrel, will leave from the French Bund on Saturday next, the 16th instant, at 10 a.m. This Steamer has extra large Staterooms (electric fans fitted), Smoking Room, and all the conveniences usually found in a first-class Mail Steamer. An excellent table is provided. For Freight or Passage apply to Butterfield & Swire, Agents, French Bund, Tel. No. 77. 3244 16-10

WEIHAIWEI, CHEFOO and TIENTSIN.—The Indo-China Steam Navigation Company's Steamer Kingsing, Capt. Wright, will leave on Saturday, the 16th instant, about 11 o'clock a.m. For Freight or Passage apply to Jardine, Matheson & Co., Ld., Agents. 3286 16-10

SOUTH CHINA COAST PORTS.

NINGPO. — The Steamer Kiangteen, Capt. Gillespie, will leave this afternoon, the 14th inst., at 3.30 o'clock. For Freight or Passage apply to C. M. S. N. Co. 3280 14-10

NINGPO. — The str. Lita, Captain Henry, will leave to-day (Thursday) afternoon, the 14th instant, at 4 o'clock. For Freight or Passage apply to Compagnie [illegible]

JAPAN.

NAGASAKI, MOJI, KOBE and YOKOHAMA. — The str. Kasuga Maru, Captain R. Swain, will be dispatched from N. Y. K. Wharf on Tuesday, October 19, at 1 p.m., or at such time as the state of tides may require. A qualified surgeon and stewardess carried. This steamer will connect at Nagasaki with the Company's Steamer for Fusan, Gensan, Seishin (Chonjin) and Vladivostok on or about Oct. 26. Parcels will be received until Noon on the day before sailing and Passage Tickets issued up till 11 a.m. on Tuesday, Oct. 19. For Freight or Passage apply to The Nippon Yusen Kaisha, (Tel. No. 2729). 3251 19-10

NAGASAKI, KOBE and YOKOHAMA. — The Pacific Mail S. S. Co.'s Trans-Pacific Steamer Manchuria, 27,000 tons, Capt. A. Dixon, will leave Shanghai on Tuesday, October 19. The Tender conveying Passengers and Mails will leave the Customs Jetty at 5 p.m. For Passage apply to R. C. Morton, Acting Agent, Corner of the Bund and Nanking Road. Tel. No. 457. 3249 19-10

YOKOHAMA and KOBE. — The Austrian Lloyd's str. China, due here from Hongkong on the 23rd October, 1909, will proceed to Yokohama and Kobe on or about the 27th October, 1909, at such time as the state of the tides may require. The Steamer has good accommodation for Passengers and carries a Doctor. For Freight and Passage apply to Sander, Wieler & Co., Agents, No. 5, Jin Kee Road. 3204 27-10

FOREIGN PORTS.

RUSSIAN VOLUNTEER FLEET.—ODESSA, NOVOROSSISK and BATOUM.—Taking Cargo on through Bills of Lading for Moscow and/or other Inland Points.—The Steamship Jaroslavl, Capt. Oranovsky, will be dispatched on or about the 14th of October, at such time as the state of the tides may require. For Freight and/or Passage apply to Russian Volunteer Fleet, M. A. Mordueovitch, Agent, 53, Szechuen Road. 3015 14-10

BOSTON and NEW YORK via SUEZ CANAL, (with liberty to call at the Philippine Ports and Malabar Coast.)—The Dampfschiffs-Rhederei Union A. G. str. Albenga, Captain Lorensen, has arrived, and is ready to receive cargo; she will clear at the Customs on Thursday, October 14, and will sail on the following morning, via Foochow and usual Ports. For Freight apply to Carlowitz & Co., Agents. 2961 14-10

GENOA, MARSEILLES, and LIVERPOOL.—The str. Stentor, Capt. Baker, now at the Buoys loading cargo as above will clear at the Customs this afternoon, and sail to-morrow, at 9 a.m., or such time as the tides may require. For Freight apply to Butterfield & Swire, Agents. 2732 e 14-10

MARSEILLES, LONDON and ANTWERP DIRECT, via FOOCHOW, HONGKONG and the usual Ports.—The P. & O. S. N. Co.'s str. Ceylon, Capt. H. N. Rivers, R.N.R., will be dispatched from Shanghai, on Friday, the 15th October. The Tender will leave the Customs Jetty at 10.30 a.m. on that day to convey Passengers on board. For further particulars concerning Freight or Passage apply to A. M. Marshall, Agent. 3017 15-10

HAVRE, ROTTERDAM and HAMBURG, via HONGKONG, STRAITS and COLOMBO. —The Hamburg-Amerika Linie str. Belgravia, Capt. Hildebrandt, will leave Shanghai on November 15, taking through Cargo to all Continental and Baltic Ports. For Freight apply to Hamburg-Amerika Linie, No. 2, Kiukiang Road. 3013 15-11

MARSEILLES, DUNKIRK, COPENHAGEN and BALTIC PORTS.—The Str. Rubonia, will load for above ports on or about the 15th October. For Freight apply to Agency of The East Asiatic Co., Ld., No. 2, Canton Road. 2384 15-10

GENOA, MARSEILLES, LONDON and ANTWERP via HONGKONG and USUAL PORTS.—The Nippon Yusen Kaisha's newly-built twin screw Steamer Miyazaki Maru, 9,000 tons, Capt. T. Murai, will be dispatched from Shanghai on Friday, October 15, at 11 a.m., or at such time as the state of tides may require. The tender conveying Passengers and Mails to the steamer will leave the Customs Jetty at 10 a.m. on Friday, Oct. 15. For Freight or Passage apply to The Nippon Yusen Kaisha, (Tel. 2729). 2899 15-10

THE NIPPON YUSEN KAISHA'S TRANS-PACIFIC Steamer Aki Maru, Capt. K. Satoh, will be dispatched from Shanghai for Seattle (calling at Victoria, B.C.), via Moji, Inland Sea of Japan, Kobe, Yokkaichi, and Yokohama, on Saturday, October 16, at Noon, or at such time as the state of tides may require. Through Bills of Lading are granted for American Ports and overland points connecting with the Great Northern and Northern Pacific Railways at Seattle. Consular Invoices must accompany Overland Shipments. Passage Tickets will be issued up till 10 a.m. on the day of sailing. The Tender will leave the Customs Jetty for conveyance of Passengers and Mails to the steamer, at 11 a.m. on Saturday, Oct 16. For Freight or Passage apply to The Nippon Yusen Kaisha, (Tel. No. 2729). 2959 16-10

MARSEILLES, LONDON and ANTWERP, via HONGKONG and USUAL PORTS.—The Nippon Yusen Kaisha's Steamer Hakata Maru, Captain J. Dring will be dispatched from Shanghai on Friday, Oct 22nd, at such time as the state of tides may require. For Freight or Passage apply to The Nippon Yusen Kaisha, (Telephone No. 2729). 2490 22-10

MARSEILLES, LONDON and ANTWERP via HONGKONG and USUAL PORTS.—The Nippon Yusen Kaisha's European Line Steamer Iyo Maru, Captain S. J. G. Parsons, will be dispatched from Shanghai on Friday, Nov. 5, at such time as the state of the tides may require. For Freight or Passage apply to The Nippon Yusen Kaisha, (Tel. No. 2729). 2690 5-11

IMPERIAL GERMAN MAIL LINE. — Norddeutscher Lloyd. — The str. Lützow, Capt. C. Dewers, will leave Shanghai on Saturday, October 16, 1909, with Mails, Passengers and Cargo for conveyance to Europe via Hongkong and Ports of Call without transhipment. [illegible]

1909 年 10 月 14 日,《字林西报》上刊登的出港信息显示,10 月 12 日,太平洋邮船公司所属的“中国”号邮船从香港抵达上海港,停靠在吴淞码头,吨位 3186,随后它办理了清关手续,并于当日驶离吴淞码头,路线是途经日本抵达美国

而 20 多年后,人数达到了六七万。他们有的在金矿山工作,有的从事农业,有的从事商店经营。对这些人的漂洋过海起促进作用的是开设于旧金山的轮船公司,轮船公司每月派

两艘轮船搭载旅客与货物航行于中美之间。从旧金山到日本需20日，从日本到上海需10日，即只需30日的旅程便可从旧金山抵达上海。早期远渡美国的中国人在美国从事工厂劳动、铁路建设劳动、农业劳动等各种各样的职业，这些工作都是高强度的体力劳动。[30]

发展远洋运输也是晚清政府成立招商局的一个重要目标，但因资金困厄及西方列强的虎视眈眈，实现这一目标颇为不易。1879年10月19日，招商局派"和众"轮试航檀香山，载客400余人，回程时搭客四五十人，往返共收水脚费2.3万余元，虽无大利，亦无亏折。1880年7月20日，"和众"轮再次横渡太平洋，开航北美洲，8月15日驶抵檀香山，8月30日到达旧金山。同年，招商局遵海军衙门之命，派"海琛"轮载运北洋水师员弁前往英国实习，1881年10月4日，派"美富"轮载运茶叶96.6万磅，再次穿越苏伊士运河前往英国，当月中旬抵达伦敦。英美国家对于中国在远洋航线发展轮运业务进行抵制。当"和众"轮驶抵旧金山时，美国海关官员强行加征10%的船税，并课以每吨一元的罚款，海关还宣布，侨居旧金山的华商华工如果搭乘招商局轮船回国，便不准返回该埠。后经局董唐廷庚和中国驻美大使陈兰彬据理力争，美国外交部才允准将多收的税钱退回，但中国商轮从此再也未能航行这一航线。"美富"轮在伦敦也遭到百般刁难，以后也再未开航英国。1881年4月17日，"和众"轮在福建附近海域被违章驾驶的英国兵舰"腊混"号撞沉。

20 世纪 30 年代黄浦江上航行的蒸汽船

在洋商的排挤打击下，招商局外洋各航线相继停航，到 1882 年，国外各航线只剩越南一线惨淡经营。1883 年，中法战争爆发，招商局所有外洋航线全部被切断，中国远洋航运事业遭到重大挫折。[31]

在这种情况下，从上海港出发驶向北美的远洋航线仍由日本和欧美列强所把持。19 世纪末 20 世纪初，日本的邮船会社开设香港至西雅图航线，东洋汽船会社开设香港至旧金山航线，都以上海港为中途主要停泊港口。至抗日战争爆发以前，日本的航运企业垄断着上海的远洋运输。这一时期，太平洋航线上行驶的船舶主要由美国航运势力所把持，主要有五条航线：上海经日本至檀香山、旧金山或温哥华；上海至西雅图、温哥华；上海经日本驶抵美国西海岸旧金山之后，通过巴拿马至纽约；上海经香港、墨尔本、悉尼至西雅图；上海经日本，靠旧金山之后至中南美洲各港。抗日战争胜利后，行驶在上海至太平洋彼岸的远洋运输，仍以美国的大美轮船公司、总统轮船公司、福来轮船公司为主，这三家轮船公司共有 50 多条船航行在上海至美国各港的航线。其次是挪威的顺享洋行、华伦洋行有 23 条船也加入太平洋航线上来。以上航线均属于非班轮航线。此外，还有上海至美国的班轮航线，晚清民国时期以杂货班轮为主。1878 年，美国旗昌洋行以"哥斯达黎加"号（1084 载重吨）、"俄勒冈"号（1096 载重吨）、"黄金时代"号（1158 载重吨）、"纽约"号（1373 载重吨）等 4 艘轮船先后从日本抵达上海港装载茶叶等货物经长崎、横滨后返回美国，这是 1887 年以前横跨太平洋的唯一定期航线。为了开辟这条邮政航线，美国政府在 1868 年至 1877 年的十年中，曾给该公司 450 万美元的津贴。此后，一直到 1949 年，这条航线一直为英、美、日等国轮船公司所把持。[32]

注 释

1. 陈潮:《晚清招商局新考: 外资航运业与晚清招商局》,上海辞书出版社 2007 年版,第 9 页。
2. 《上海港史话》,上海人民出版社 1979 年版,第 229 页。
3. [法]梅朋、傅立德:《上海法租界史》,倪静兰译,上海社会科学院出版社 2007 年版,第 31 页。
4. 《上海租界志》编纂委员会编:《上海租界志》,上海社会科学院出版社 2001 年版,第 93 页。
5. 蒯世勋等编著:《上海公共租界史稿》,上海人民出版社 1980 年版,第 68 页。
6. 黄苇:《上海开埠初期对外贸易研究(1843—1863 年)》,上海人民出版社 1961 年版,第 18 页。
7. 《上海租界志》,上海社会科学院出版社 2001 年版,第 458 页。
8. 《上海港史话》,上海人民出版社 1979 年版,第 230—231 页。
9. 《上海港史话》,上海人民出版社 1979 年版,第 233 页。
10. 《上海租界志》编纂委员会编:《上海租界志》,上海社会科学院出版社 2001 年版,第 458 页。
11. 《上海港史话》,上海人民出版社 1979 年版,第 234 页。
12. 邹逸麟:《松浦二江变迁和上海港的发展》,《上海市历史博物馆馆刊》第 1 辑,上海社会科学院出版社 2002 年版,第 17—18 页。
13. 苏生文:《中国早期的交通近代化研究(1840—1927)》,学林出版社 2014 年版,第 148 页。
14. 《上海港志》编纂委员会编:《上海港志》,上海社会科学院出版社 2001 年版,第 58 页。
15. 中国航海学会:《中国航海史 · 近代航海史》,人民交通出版社 1989 年版,第 79—80 页。
16. 中国航海学会:《中国航海史 · 近代航海史》,人民交通出版社 1989 年版,第 80 页。
17. 朱荫贵:《国家干预经济与中日近代化: 招商局与三菱 · 日本邮船会社的比较研究》,东方出版社 1994 年版,第 27 页。
18. 朱荫贵:《国家干预经济与中日近代化: 招商局与三菱 · 日本邮船会社的比较研

注释

究》，东方出版社 1994 年版，第 87 页。
19. 茅伯科主编:《上海港史(古、近代部分)》，人民交通出版社 1990 年版，第 230 页。
20. 朱荫贵:《国家干预经济与中日近代化：招商局与三菱·日本邮船会社的比较研究》，东方出版社 1994 年版，第 104 页。
21. 茅伯科主编:《上海港史(古、近代部分)》，人民交通出版社 1990 年版，第 231 页。
22. 茅伯科主编:《上海港史(古、近代部分)》，人民交通出版社 1990 年版，第 232 页。
23. 朱荫贵:《国家干预经济与中日近代化：招商局与三菱·日本邮船会社的比较研究》，东方出版社 1994 年版，第 35—36 页。
24. 陈潮:《晚清招商局新考：外资航运业与晚清招商局》，上海辞书出版社 2007 年版，第 97—98 页。
25. 胡政主编:《招商局与上海》，上海社会科学院出版社 2007 年版，第 32 页。
26.《上海远洋运输志》，上海社会科学院出版社 1999 年版，第 94 页。
27. [日]松浦章:《19 世纪末北美的轮船公司与北太平洋航路——从上海到北美洲》，上海中国航海博物馆编:《丝路的延伸——亚洲海洋历史与文化》，中西书局 2015 年版，第 71—72 页。
28. [日]松浦章:《19 世纪末北美的轮船公司与北太平洋航路——从上海到北美洲》，上海中国航海博物馆编:《丝路的延伸——亚洲海洋历史与文化》，中西书局 2015 年版，第 90 页。
29. [日]松浦章:《19 世纪末北美的轮船公司与北太平洋航路——从上海到北美洲》，上海中国航海博物馆编:《丝路的延伸——亚洲海洋历史与文化》，中西书局 2015 年版，第 93—97 页。
30. [日]松浦章:《19 世纪末北美的轮船公司与北太平洋航路——从上海到北美洲》，上海中国航海博物馆编:《丝路的延伸——亚洲海洋历史与文化》，中西书局 2015 年版，第 99 页。
31. 张后铨:《招商史话》，中国文史出版社 1992 年版，第 15—16 页。
32.《上海远洋运输志》编纂委员会编:《上海远洋运输志》，上海社会科学出版社 1999 年版，第 93—94 页。

“长崎丸”纪念明信片（陈祖恩　提供）

第一章

首航：清末留美幼童的创举

自19世纪70年代始，四批幼童相继赴美留学，乃官方派遣留美学生之开端。从上海出发，较早赴美留学并深具影响力的留学生当属颜永京，他的赴美旅程较之首批留美幼童提前了近20年。

颜永京是美国圣公会乃至整个中国基督教会早期最著名的教牧之一。颜永京（1839—1898），字拥经，祖籍福建，出生于上海。1848年进入由文惠廉担任主教的美国圣公会教会学堂，颜天资聪慧，深受教习欣赏。1854年，该学堂美籍教员波因茨将颜和另一名学生杨锡麟带至美国读书。1857年，入俄亥俄州肯阳学院学习，1861年获文学学士学位。1862年返回上海投身教会事工，乃圣约翰书院创始人之一，为中国高等教育事业的发展贡献卓著。他的弟弟及子女、侄儿都于19世纪末20世纪初留学美国。子侄辈中的医学家颜福庆、外交家颜惠庆、铁道专家颜德庆被誉为“颜氏三杰”，为中国近现代化事业贡献良多。[1]

1872年，中国首次向美国派遣官费留学生，被视为“中华创始之举”，亦乃“古来未有之事”，谱写了近代中外交流史的新篇章。前后几批幼童均是从上海黄浦江畔的码头启航，奔赴遥远的异国。而促成此事的主事人容闳，25 年前也是从广州黄埔港出发前往美洲新大陆的。

一、幼童启航

容闳（1828—1912），号纯甫，广东香山县南屏村人。出生在一个农民家庭，其父容丙炎曾在澳门打工，思想开通，支持容闳 7 岁时入澳门英国基督教牧师马礼逊开办的预备学堂学习。五年后学堂因故停办，父亲去世，容闳返回家乡，以贩卖糖果为生。不久，经友人介绍重返澳门，在传教士医生霍伯逊的医院里干杂活。1841 年，经霍伯逊介绍，容闳重新进入香港的马礼逊学校读书。1846 年，在马礼逊创办的澳门预备学堂任校长的美国人塞缪尔·布朗，准备返美，愿意携带“三五旧徒，同赴新大陆”，时年 18 岁的容闳说服母亲，与同门黄宽、黄胜追随布朗夫妇，成为赴美留学的中国第一人。容闳曾追忆往事：“一八四七年一月四日，予等由黄浦（埔）首途，船名‘亨特利思’，帆船也，属于阿立芬特兄弟公司……船主名格拉司彼（Captain Gillespie）。时值东北风大作，解缆扬帆，自黄浦（埔）抵圣希利那岛（St.Helena），波平船稳。……舟既过圣希利那岛，折向西北行，遇‘海湾水溜’（Gulf Stream），水急风顺，舟去如矢，未几遂抵纽约。”[2] 4 月 12 日，容闳一行抵达纽约，在海上航行了 98 天之久。

章

Relinking with the world

Study in the USA

容闳像

1872 年 9 月，首批到达加州的留美幼童合影。左起为钟文耀、梁敦彦、不详、史锦镛、不详、牛尚周

在布朗夫妇的帮助下，容闳先在马萨诸塞州著名的孟松预备学校学习，3 年后考入耶鲁大学，是耶鲁中国留学生第一人。1854 年，容闳在耶鲁大学获得文学学士学位。是年 11 月 13 日，容闳从纽约乘"欧里加"号货船回国，于翌年 3 月抵达香港。1856 年秋天，容闳来到上海，入上海海关担任通译。1862 年，容闳应友人李善兰邀请赴安庆湘军大营，两次会晤曾国藩，投身于洋务运动中。1871 年 8 月 18 日，曾国藩、李鸿章提出派遣留学生的具体实施计划，并致函总理衙门："由刑部主事陈兰彬、江苏同知容闳，选带聪颖弟子，前赴泰西各国肄习技艺。从前斌椿、志刚、孙家谷等奉命游历海外，亲见各国军政船政，直视为身心性命之学。中国当师仿其意，精通其法。查照美国新立和约，拟先赴美国学习，计其程途，由东北太平洋乘坐轮船径达美国，月余可到。已饬陈兰彬、容闳二员酌议章程，请饬下江海关于洋税项下按年指拨，勿使缺乏。"并上报了《挑选幼童前赴泰西肄业章程》。具体步骤如下：一是建立一所留学预备学校；二是商定留学生名额；三是筹划留学生在国外所需经费；四是商定留学年限。[3]

1871 年 8 月，一所可容纳 100 名学生和教职工的留美预备学堂，在上海山东路外国坟山对面靠近南京路、北京路的地方正式开办，是为"幼童出洋肄业局"，亦称"沪局"或"总局"。陈兰彬、容闳分别担任正、副委员，为常驻美国管理中国留学生事务做了人员上的安排。曾国藩安排盐运使衔

詹天佑、梁敦彦等人合影。前排左起：陈矩镛、李桂攀、梁敦彦、邝咏钟；后排左起：蔡绍基、钟进成、吴仲贤、詹天佑、黄开甲

分发候补知府刘翰清（即刘开生）负责，成为最早留学培训学校的校长。另有一名校长助理吴　石，三位中文教师叶绪东、容云甫（增祥）和黄先生。邀请英文教师曾兰生，以及他的两个儿子曾溥和曾笃恭一同任教。[4]

在容闳等人的努力下，120 名幼童终于分批赴美。1872 年 8 月 11 日，30 名身穿清朝官式服装的幼童，由监督陈兰彬、教习吕源浚与容增祥、翻译曾恒忠带领，在上海登上一艘日本轮船，开始了前往美国的旅程。这是一段漫长疲困的航程，只横渡太平洋就花了 28 天。由陈兰彬率领的幼童们到达美国的第一站是旧金山。他们住进了 9 层楼的“皇宫大饭店”，这是当时旧金山最高的建筑。幼童们在旧金山停留 3 天后，又坐上火车，经过刚通车不久的横贯美国大陆的铁路线，终于在 9 月 22 日抵达新英格兰地区。幼童们就在这里开始了他们留学美国的生活。1872 年 8 月 16 日，《申报》刊发《论子弟出洋肄业事》一文，指出“此次出洋各童类皆粤产居多而江南绝少”，并呼吁“此举非但有利于国，亦且有益于家，可不留意哉！”[5]

1873 年 6 月 12 日，第二批幼童由黄胜带领赴美，同行的还有 7 名自费学生。1874 年 9 月 19 日，第三批幼童由祁兆熙率领赴美。1875 年 10 月 14 日，第四批幼童由邝其照率领赴美，同行的有徐润 3 位自费出国的本家弟弟。中国首批四期留美学生有两大特点：一是大多来自中下层之家。尽管官费待遇优厚，但对富家子弟仍然没有太大吸引力。二是留学生大多来自广东、江苏、浙江 3 个沿海省份。在 120 名留学生中，广东 84 人，占 70%；江苏 21 人，占 17.5%；浙江 8 人，占 6.7%；安徽 4 人，占 3.3%；福建 2 人，占 1.7%；山东 1 人，占 0.8%。广东人最多，因为广东人有出外谋生的传统，而且广东也是开风气之先、西力东侵最早的区域，因此广东籍幼童在早期留美史上占据特殊地位。从年龄来说，最小的 10 岁，最大的 16 岁，正是少年时期。[6]

留美幼童温秉忠曾对自己的首次美国之行有生动的回忆：

各批学生必需到上海“海关道台衙门”叩头谢恩，使他们得此留美机会。理论上言，海关道台是他们的“主试官”，而且当时上海海关道台是全城最高长官。那次接见使幼童感到如同觐见皇帝一般的震慑，因为道台是第一个特准他们可以抬头看他脸的大官。

第二天，幼童们特去拜见美国驻上海总领事，他热诚接见幼童，并飨以简单茶点。最后，幼童与老师及同学告别，在一种复杂茫然的心情下搭上日本的一条轮船赴日本，向岸上挥泪的亲人及微笑的亲友告别。在当时，到美国的旅程，好似到天涯海角一样，而一般的家长父母是不愿其子弟远行的。

到日本航程六天，他们均是第一次出海，晕船及思家交替袭来。当他们尚未习惯海上生活时，船已抵达横滨港。大家跑出船舱，涌向甲板，向岸上眺望。——被关在闷热的船舱中，晕船六天后第一次看到美丽的土地。

当幼童们换船去美国前，曾住进日本旅馆，等待由香港开出的美国轮船。他们乘机访问了东京及其他有趣的地方。这批少年人对日本的印象是很难描述的，似乎日本人看来较矮小，其住屋也比例缩小，日语很奇怪，服饰特别，女人穿着木屐的踢跶声，使他们想到故乡的广东。

> 不久，“中国”号，出现在横滨港口中。我们依次登船，对于远赴异国的中国学生，登上一艘与其祖国同名的远洋轮船，实在是件极为巧合之事。
>
> 你们也许没有见过，他们那条船是一艘“明轮船”。让我给你们解释，这条船有两个大“蹼轮”，安装在船身中间之两弦，在大风浪中，这种船很容易被倾覆。时常船之一弦被巨浪涌起，而那边的蹼轮在空中打转并发出恐怖的噪音。现在已经少见这种船了。但有时，在广东与香港之间还看到这种船。[7]

留美学生共120人，分4期赴美，每期30名，直到1875年幼童全部赴美。幼童在美国无论是在学习外语还是在学习西学、中学等方面都取得长足的进步，获得中外人士的好评。1880年，这批留美幼童中已有60多人考入大学和职业学校，分别攻读制造、煤铁开采、交通运输、邮电、机械、造船等专业。按计划，留学生15年后回国，由于种种原因，清政府于1881年6月提前撤回全部留美学生，致使这一新生事物中途受挫。

广为人知的铁路专家詹天佑及担任过北洋政府交通总长的梁敦彦就是其中的佼佼者。梁敦彦自幼家贫，曾在香港打散工。1872年，作为首批留美幼童前往美国留学，1878年毕业于哈特福德公立高中，是年秋，进入耶鲁大学。在耶鲁求学期间，他不但是新生棒球队的投球手，还是耶鲁兄弟会的成员。1881 年夏,还在读大学三年级的梁敦彦被清政府召回。不过在 1907 年,他拿到了他的学士学位。1911 年 6 月,还在美国康州纽黑文接受了耶鲁大学授予他的荣誉法学博士学位(LL.D.)。[8] 回国后,梁敦彦先在福建船政学堂任英文教习。1884 年,应张之洞聘,任两广、湖广督署文案。其后,历任天津海关道、外务部右侍郎、外务部会办大臣兼尚书等职。1911 年 9 月,袁世凯组阁,任梁敦彦为外务部大臣,并派其出使德、美两国。1913 年回国,翌年出任交通总长。1917 年参与了张勋的复辟活动。晚年移居天津。1924 年 5 月在天津病逝。[9]

二、黯然归国

1881 年 7 月,一百多名留美幼童在美国旧金山登船,经日本返回上海。1882 年 1 月 28 日,后来服务于中国外交界的留美生黄开甲,写信给他在美国哈特福德市的住家巴特拉特太太,其中对他初抵上海时的感受有生动的描述:

> 当我们乘的“日本”号溯江而上,我们第一次看见上海,但我们只能停在吴淞,因为退潮时,船无法通过浅滩。
>
> 曾幻想着热烈的欢迎在等着我们,那熟悉的人潮,和祖国伸出温暖的手臂拥抱我们!可是天呀!全成泡

影。水草越来越高，屋子越来越清楚。想象中的欢迎，使我们越想越激动，船头划开扬子江平静而黄色的水波，当靠码头时，那船舷的巨响，才惊醒我们“乌托邦式”的幻梦。人潮围绕，但却不见一个亲友。没有欢迎的微笑来接待我们这失望的一群。码头上，手推车，人力车的苦力，为抢生意，指手画脚，吵闹喧嚣。上船来欢迎我们的，是管理我们信件的陆先生，一个不如平庸中国人的头等笨伯。他不雇佣马车或船将我们载往目的地——中国海关道台衙门，却雇佣独轮车来装载我们。行程迟缓，使我们再度暴露在惊异、嘲笑的人群中。他们跟随着我们，取笑我们不合时尚的衣服。我们穿旧金山中国裁缝的杰作，很难被时髦的上海人看上眼的。有些独轮车没有通过法租界的通行证，故我必需下车自扛行李而过。在中国士大夫眼中，这都是有失尊严的事。通过法租界，进入中国地段。如果你想找到乐园，又有似地狱般的区域，你该来此看看。那污秽加上多种臭气熏天，那种泥泞不平的石头路，使人难行。我们蹒跚而行，诅咒这些恶运，冷淡的接待，愚蠢的承办人。还有我们穿的中国式布鞋在打脚，使足趾都拧在一起。总算到达海关道台衙门，是一座面对黄浦江的大楼，比较清洁而通风良好。[10]

1882 年 1 月 10 日，薛有福在致友人凯蒂的信中描绘了离开美国回到中国的旅途见闻：

> 我们在旧金山停留了一周，看了许多地方，令人兴高采烈。9月6日下午我们乘“北京城”号启碇返中国，那艘船很大而且设备极佳。在码头送行的人真多，我们与岸上朋友挥手告别，直到人影模糊不见。……我们的船大约每小时行十个半海里，顺风时可达十三海里，逆风则慢到八个半海里。十八天后，我们到达日本横滨，这算是很快的纪录了，因为通常要二十天到二十四天。在横滨，我们住进日本旅馆，并且黄包车游城一周，颇为新奇有趣。横滨为日本重要港口，我们也去了距横滨十九里的日本首都东京，也看到许多有趣的事物。在日本逗留了四天，我们改乘“东京丸”开赴上海。由横滨到上海，风和日丽，万里无波。中途我们停了神户，一个依山而建的美丽城市。由神户到长崎，我们穿过了濑户内海，岛屿星布，山水如画。我们的船由碧波中轻轻划过，风光明媚动人。11月6日，我们安抵上海。虽然我曾盼望在美作较长的逗留，但重踏故国土地令人兴奋异常。在上海我在表哥家住了六周，然后转往福州马尾，最后回到家中。[11]

1882年3月6日，梁诚从天津写信给美国友人萧先生：

> 1881年9月6日，我们终于告别美国。头几天，我整日躺在船舱中回味离美前的愁绪。行程平静，只碰上一次暴风。十八天后，我们到达横滨。港口风光如画，满山是万年青及松树，岸边有无数的岩洞，山田种满热带蔬菜。……由横滨到上海的行程，似是一个野餐会。水波无垠，微风习习，白日蓝天，景色宜人。神户是极为清洁的城市，长崎乃一佳港，居群山环抱之盆地中。10月6日我们返抵中国到达上海，乘独轮车去上海内城，被送往一个常年封闭潮湿的旧楼房中。政府给我们很好的补助、服装及住宿，但中国官吏靠贪污为生，层层克扣，转到我们只剩极少的数目。几位同学已在那大楼中病倒，因为虐病立刻流行起来。我幸运有朋友在上海，我只在那里待了三天，就搬去朋友家住，是在外国租界区，生活水准较高。[12]

这位梁诚后来担任晚清驻美公使，并代表清政府出访美洲多个国家。梁诚是第四批留美幼童，1875年到美国，曾在马萨诸塞州的菲利普斯高中就读。1881年被清政府召回国。

三、上海传奇：温秉忠、牛尚周与宋氏家族

1872年8月11日，载着清政府派遣的第一批30名留美幼童的蒸汽轮，从上海港出发，向着太平洋东岸的美利坚

牛尚周像

合众国驶去。带队的是清政府官员陈兰彬和发起人容闳。在这艘船上，来自嘉定的牛尚周年仅 11 岁。谁能料到若干年后就是这位“牛老弟”及第二批留美幼童温秉忠与川沙倪家联姻，从而改变了某些人的命运，甚至影响了中国近现代史的进程。

牛尚周，字文卿，江苏嘉定人，出生于 1862 年。作为中国首批 30 名官费留学幼童之一，赴美学习。温秉忠，字荩臣，祖籍广东新宁，1862 年出生于上海，是第二批留美幼童。在异国他乡求学期间，这两位同龄人成为好友。1878 年，牛尚周与温秉忠在波士顿偶遇另一位来自中国的年轻人宋耀如。当时，宋耀如正在养父开设的丝茶铺中当学徒，在牛、温两人的影响下，宋耀如决定弃商求学，这彻底改变了他的命运。1881 年，由于原定的十五年学习计划因故中断，留美幼童被迫回国，这三人也就此分离。

虽然牛尚周在 1881 年从美国回来后从未离开过上海，但是九年留美幼童的生涯使他成了一个美国与中国的“边缘人”,美式生活贯穿了他的一生,他喜欢喝咖啡,读英文报纸,为此长期订阅美国原版的书刊杂志,甚至还托人购买美国原版的侦探小说。他回国后远离政治,处世低调。最初在电报局工作,发挥他的专业特长,但是很快便转到江南制造局。牛尚周有学问,而且英语流利,这使得他在江南制造局谋得帮办一职。牛尚周早年出洋留学的经历使他深知学习世界先进科技知识的重要作用,因此他把牛惠霖、牛惠生、牛惠珠、牛惠珍四个子女全部送出国门、留学深造。[13]

温秉忠祖籍广东,生于上海。父亲温清溪是基督教会中的名人,亦是道济会堂、公理会和礼贤会的创办人。温秉忠从美国回来后,先后出任北京海关总局负责人,苏州海关监督等职务和两江总督端方的幕僚,官至清政府二品大员,还是受慈禧信任的教育官员,曾两次率团访问美国,是他将宋氏姐妹带到美国留学。

牛尚周和温秉忠先后娶了川沙城厢倪蕴山家的小姐倪桂金和倪秀珍。一次偶然的机会,牛尚周和温秉忠在上海街头又遇见了当年的老朋友宋耀如。已成为美国监理公会神职人员的宋耀如,正奉命在上海、昆山一带巡回传教。牛、温见宋耀如孑然一身,在上海举目无亲,就把小姨子倪桂珍介绍给了这位昔日的好友。[14]宋耀如和倪桂珍婚后生有六个子女,即宋霭龄、宋庆龄、宋子文、宋美龄、宋子良和宋子安,牛尚周成为宋氏姊弟的大姨夫。成为倪家三女婿的温秉忠,和牛尚周、宋耀如结为连襟,也是宋氏姐妹最重要的一位姨夫。

资料显示，宋氏三姐妹能赴美留学，得益于父亲宋耀如的支持与姨父温秉忠的协助。1904 年 5 月 28 日，年仅 15 岁的宋霭龄登上了开往美国的轮船，开始了留学生涯。宋耀如的同窗好友、美国卫理公会牧师威廉·伯克一家人和宋霭龄同行。伯克预订了太平洋邮船公司的“高丽”号的两个头等客舱。这一天，“当‘高丽’号的乘客准备登上‘维多利亚’号勤务船时，亲朋好友们成群地聚集在外滩的公共码头上。巨大的远洋轮没有在黄浦江出现，而是停在长江上的吴淞口”，一个半小时以后勤务船抵达了吴淞口，“‘高丽’号停在那里，7000 吨的负荷使它吃水很深……当小小的‘维多利亚’号发动马达离开时，‘高丽’号的乘客排列在上层甲板一侧的栏杆边。从两艘船上都冒出了叫喊声和舞动着的白色手绢。那一刻，这艘巨大的远洋轮响起了沉闷、震耳的汽笛声”。[15] 经威廉·伯克牧师的大力引荐和安排，宋霭龄就读威廉·伯克家乡梅肯市的卫斯理安女子学院。她是第一位正式到美国留学攻读文学学士学位的中国女性，一些当地报纸为此还作了专门的报道。凭借其顽强的毅力、刚强自信的性格以及在上海的教会学校所接受的教育，宋霭龄很快融入美国的生活和学习。最初赴美入境时，宋霭龄因护照的问题被滞留在船上近一个月，遭受了不公平的待遇。后来她有机会与姨夫温秉忠一同出席了美国时任总统西奥多·罗斯福为中国教育代表团举办的招待会。席间，她就自己初来美国时的遭遇，当面向总统抗议美国的排华政策，质疑美国的“民主”。罗斯福总统惊异于这位中国姑娘的气概，当场向宋霭龄表示了歉意。[16] 如果说宋霭龄赴美留学，主要凭借宋耀如西方好友的帮助，那么宋庆龄三年后则是以江苏省官费生的资格赴美留学。

1907 年，两江总督端方“就江南各学堂详慎挑选其苏皖赣各学生”，经分科考试，评定录取了数十名学生，委派候选道温秉忠护送这批学生赴美，“于中历七月二十二日行抵美国，驰赴各校，谒商入学事宜。男学生胡敦复等十一名已一律收入计耶路大学，四名干尼路大学，七名威尔士利大学。以女学生胡彬夏、王季茴、曹芳芸三名程度微有未合，令入附设预备学堂，伺试验及格再行升入。其宋庆林一名，另择相当学堂送入”。[17] 这里的“宋庆林”即为首次赴美的宋庆龄。是年 7 月 31 日，《时报》转引《字林西报》的报道称“有中国出洋留学学生数名，中有女学生四名，拟乘米纳沙太船，由沪启程。即系江督考取派往美国各大学校肄业，实为中国第一次派女学生出洋之举”。当年的《直隶教育杂志》亦对此多加褒扬：“中国近来派赴美国留学生中，有女学生四名，均系青年学有门径者。业已附搭大德公司轮船赴美国大学及各省会学校，分投留学。此为中国派女生赴美求学之初次，所以策励女界，以增进其智识者，用意至深远矣。”[18]

是年 8 月，14 岁的宋庆龄携同当时年仅 10 岁的妹妹宋美龄，在温秉忠夫妇的监护下，乘船离沪赴美求学。已发现

牛惠霖像

牛惠生像

的宋庆龄留美护照显示，宋庆龄入境港口为美国西海岸的华盛顿汤生港，批准入境美国的时间为 1907 年 8 月 28 日。[19] 宋庆龄以清政府官费生的身份赴美留学。她与宋美龄抵美后，先在新泽西州萨密特镇柯拉拉·波特温小姐开办的男女同校的私立学校进行了一年的法语和拉丁文的补习，为入读美国大学做准备。1908 年 9 月，宋庆龄考入姐姐宋霭龄所在的卫斯理安女子学院文学系，正式注册为卫斯理安女子学院学生，年幼的美龄也以特别生资格注册入学。宋庆龄学习非常用功，从不漏掉一门功课的作业。老师曾评价她是英文课班上文章写得最好的一位学生。宋庆龄 1913 年毕业，获学士学位后回国。[20] 宋氏三姐妹是中国最早一批前往美国留学的女学生，在当时实属开风气之先河，而宋庆龄与其牛氏表兄的交往更像是一个传奇故事。

上海图书馆收藏有一张孙中山赠“尚周”的签名照，似乎彰显着孙中山与牛尚周之间不同寻常的关系。事实上，牛尚周的两个儿子，曾先后担任中华医学会会长的沪上名医牛惠霖、牛惠生兄弟的确与民国时期中国第一家庭拥有特殊的亲属关系。[21]

尽管第一批留美幼童中的牛尚周似乎从人们的视野中消失了，但是其后人对家族历史的追寻并未停止。1984 年美国 *Amerasia Journal* 发表了一篇署名 Peter Kong-ming New 撰写的文章。作者皮特就是牛尚周之孙牛康民，人类学、社会学教授，当时供职于南佛罗里达州大学。牛康民从表兄弟那里得到了爷爷当年写给在国外读书的父亲、伯父和姑姑的英文信件，约有 100 封，其中有爷爷义无反顾地把四个子女送到国外接受教育等鲜为人知之事。其两个儿子，长子牛惠霖（1889 年生）、次子牛惠生（1892 年生）在求学之路上有着极其相似的经历。两人都是在 18 岁时以优异的成绩从上海圣约翰大学毕业。哥哥毕业后远赴英国剑桥大学医学院深造，弟弟则选择了美国的哈佛大学医学院。1914 年，牛惠霖获得剑桥大学医学博士学位，并领有英国皇家内科医师学会开业证书，旋即担任伦敦医院内、外科、耳鼻各科门诊主任医师。第一次世界大战爆发后，他担任了伦敦叶普斯区医院重伤兵主任医师；1916 年转任伦敦密它瑟斯重伤兵外科手术主任。他目睹了战争所造成的种种灾难，十分反感人类的自相残杀，于 1918 年毅然回到了祖国。1914 年 6 月，牛惠生也取得了哈佛大学医学院博士学位，就任新斐

章

Relinking
with the world

Study in the USA

1907年牛家四兄妹在上海合影。右起为长子惠霖、次子惠生、长女惠珠、次女惠珍

德福城圣路加医院住院医师兼外科医生；一年后，他放弃了美国的优裕生活，于1915年9月4日返回上海。早上8点轮船靠岸，10点他已经站到上海哈佛医学校的讲台上。[22]

今天上海岳阳路190号一幢三层砖混结构的花园式住宅仍保持着1920年建筑时的风貌，这就是当年由国外回来的牛惠霖、牛惠生兄弟合办的霖生医院旧址，如今已作为历史文物建筑受到保护。民国初期，中国西医学的发展亟需像牛惠霖这样接受过系统的欧美医学教育，并已具有丰富临床经验的高级医生。牛惠霖回到上海后，就被伦敦教会山东路医院（今上海仁济医院前身）院长戴文波特请去担任该院的副院长兼外科主任。院外慕名请他看病的人也越来越多，特别是1920年英国卫生部点名请他赴香港医治好港督病的事情，更是轰动沪上，找他看病的人络绎不绝。1920年，牛惠霖为了方便病人就医，除了在上海祁齐路（今岳阳路）创设霖生医院本部外，还在南京路利济药房和成都路延安路口择地设立了诊所。1927年10月的一天，位于上海成都路的霖生医院诊所来了一位腿伤病人。这人左腿中了三枪，胫骨、腓骨全被打断，虽经接上，却接歪了，伤势很重。据穆欣《陈赓同志在上海》文章中记述：牛惠霖初次接触这个病人，怀疑他是个强盗，在偷盗时受了伤，不很乐意再行救治。陪送来的人几番解释，也未能消除牛惠霖的疑问。病人说话了："大夫，我是南昌起义军的陈赓，起义失败后退往潮汕，两个多月前在会昌作战时左腿中了三颗子弹。"陈赓如实的告知，赢得了牛惠霖一片敬意。他立即把这一情况报告了表妹宋庆龄。宋庆龄是南昌起义时成立的中国国民党革命委员会主席团成员，在广州时就认识陈赓，得知陈赓在地下党的帮助下来到上海治疗，特意叮嘱牛氏兄弟一定要治好陈赓的伤，并请其以同样的态度对待其他南昌起义部队来沪的伤病员。按照陈赓当时的伤情，通常情况下只好截肢，陈赓坚决反对，牛氏兄弟也非常理解他的心情。他们用高超的医术终于保住了陈赓的伤腿，使他又能重回战场。事过多年，陈赓仍念念不忘牛氏兄弟的高超医术和对革命的同情。据牛惠霖的女儿牛恩美回忆，凡是宋庆龄托他们照顾的病人，他们无不悉心诊治。有几次，牛惠霖回家向妻子要便服，原来是他的医院里有共产党人出院，为了掩护而需要换上便服，有时他还为他们送上路费。牛氏兄弟对宋庆龄表现出特别的信任、关怀与亲近，无论在政治上还是在生活上。据牛恩美回忆，宋庆龄一旦有病，牛惠霖总是亲自负责治疗。如 1936 年的一天，宋庆龄突发腹痛，牛惠霖匆匆赶来，检查后确诊为阑尾炎，他请来当时上海最好的一位外国医生为宋庆龄动手术，术后又守护床边、精心照料。[23]

牛惠霖还陆续在圣约翰大学教授外科学近 10 年，同时担任南京国民政府一些部院的医学顾问，并在 1924 年当选为中华医学会第五任会长，被誉为“中国医界之柱石”。1932 年，日寇攻打上海，一·二八淞沪抗战爆发。牛氏兄弟和宋庆龄、何香凝一起积极组织伤员救护，在上海、苏州等地设立伤兵医院，牛惠霖任上海地方协会救护伤兵第一医院院长、公共租界万国商团华队军医长，上海战地救护成绩显著。

牛惠生对民国时期中国医界的贡献，特别是他为中华医学会做出的贡献，是他精彩人生浓重的一笔。他 1915 年从美国回来时，完全由中国医生自己组织的医学社团——中华医学会刚刚诞生，成员仅几十人，既无固定会所，也无经费来源。年仅 23 岁的牛惠生怀着一腔热忱，投入中华医学会的工作中。他参与了 1916 年中华医学会在上海召开的第一届大会的筹办，并在会上当选为书记。除了他再次赴美学习期间，中华医学会的编年史料上没有其姓名，可以说，从 1916 年到他 1937 年病逝的这 20 年间，中华医学会许多主要活动记载都与牛惠生的名字相关联。1930 年，他在担任了多年的书记、干事后，在中华医学会第八次大会上当选为会长，并在他的任内把中华医学会由初创阶段推向迅速发展时期，特别是完成了将中国博医会并入中华医学会和建立起中华医学会永久会所两项重要工作。1933 年 11 月，为筹备中华医学会拟于来年在南京召开的第十次大会，牛惠生亲至南京安排一切，又奔至芜湖视察该地组织支会事宜，不幸身染白喉，继而患慢性肾炎。限于当时的医疗水平，牛惠生意识到自己患了不治之症，特别是当他双手颤抖无法再执手术刀时，内心无比悲痛。但他没有就此歇息，他对妻子说："我知道我应当怎么做，我要将全部精力献给中华医学会的事业，这个学会需要巩固和加强，这是一桩无人关心的事情，但是它对于我们国家的健康事业将起巨大的作用，我要使它走上正轨。”南京大会闭幕后三天，牛惠生的病情突然加重，大约三个星期后，于 5 月 4 日去世。5 月 8 日，在上海万国殡仪馆举行了隆重的追悼会，宋氏三姐妹和宋子文都前往吊唁，中外名流一千余人出席。他的去世也使本就身患肝病的兄长牛惠霖，因持续悲伤加上七七事变后对日本侵略者的愤恨而病情加重，牛惠霖也于同年 11 月 20 日溘然长逝。牛氏兄弟同年先后离世，令当时的中国医界无比痛惜。[24] 去世时牛惠霖 48 岁，牛惠生 45 岁。

祁齐路霖生医院为三层砖混结构建筑，略呈英国乡村式住宅的特征。抗战初期，这里成为难民医院，1944 年起改名为私立上海医院。1958 年 9 月，该院并入徐汇区结核病防治所。改革开放后至今，为单位使用办公场所。如今的岳阳路 190 号，霖生医院旧址属于徐汇区不可移动文物。虽然使用单位几经变迁，建筑依然基本保持着 1920 年建造时的样子。[25]

四、清末大学堂派遣官费留美生

盛宣怀在南洋公学创办伊始，就明确提出选送优秀毕业生出国留学的办学理念，盛宣怀将派遣学生出洋历练视为培养人才的重要途径，亦为养成真才、实现自强的关键之举。1896年《南洋公学纲领》指出,上院四年学成后,"择其优异者,仿日本海外留学生之例,给官费就学外国或就试于各国大学堂,以扩见识而资大用"。在办理北洋大学堂、南洋公学实际过程中,盛宣怀筹措巨资,大力选派留学生先后赴东西各国深造。[26]

1898年开始,盛宣怀选派南洋公学的章宗祥、胡礽泰、杨荫杭等六人留学日本。后又决定增加经费,派师范生章宗元、留日学生胡鹏运(原名胡礽泰,赴美后改名胡鹏运)赴美留学,先入旧金山书院,再入各大学深造。美国海关档案记载:章宗元(Chang Tsung Yuen)、胡礽泰(Hu Rin Tai)两人乘坐"中国"号邮轮,于1901年1月26日到达旧金山。从美国海关档案记载的章宗元、胡礽泰赴美时间看,他们才是继留美幼童撤回后的首批官费留美学生,也是南洋公学选派的最早的官费留美生。[27]

章宗元,1877年出生在浙江吴兴。1897年,与其胞弟章宗祥一起考入上海南洋公学师范班。1898年,章宗祥赴日本留学,1900年12月,章宗元启程赴美。初到美国,章宗元先就读于朴穆那学院(Pomona College),1903年至1907年,在加州大学伯克利分校学习商业,获学士学位。在朴穆那学院求学期间,为使国内更多的人对美国历史、美国资产阶级民主制度有所了解,章宗元翻译了有关美国政治及历史著作。1903年转学到加州大学后,章宗元积极参与学生会社团活动,编辑《美洲留学报告》,主编《美洲学报・实业界》,在中美报刊上发表若干文章,向国人介绍了西方现代文明。1907年回国后,章宗元考取游学毕业法政科进士。1912年起,任财政部次长、审计处总办、币制局副总裁、币制委员会委员长等职。1917年到1920年任唐山工业专门学校校长。20世纪30年代起,任上海总商会书记长、上海四行储蓄会秘书等。1952年逝世。[28] 著有《中国泉币沿革》,译著有《美国独立史》《美国民政考》等。章宗元作为清末大学堂选派的第一批官费留美生,功不可没。

除了南洋公学最早选派的这两位留美学生外,盛宣怀创办的北洋大学堂也于1901年派出9名学生赴美留学。根据对美国海关档案中这一阶段到达旧金山港邮轮进行的搜索和逐页排查,显示9名学生实际上是分3批赴美的。最早到达美国的是薛颂瀛(Hsueh Sung Ying),他乘坐"北京"号邮轮,于1901年5月31日抵达旧金山。陈锦涛(Chen Chin Tao)、王宠佑(Wong Chung Yu)、胡栋朝(Hu Tung Chao)、严锦荣(Yen Chin Ying)、吴桂灵(Wu Kuei Ling)、张煜全(Chang Yu Chuan)6人乘坐"盖尔"号(Gaelic)从上海启程前往美国,王宠惠(Wang Chong Hui)因当时在日本留学而由日本横滨港上船,此7人于1901年8月22日抵达旧金山。陆耀廷(Luk Yew Ting)乘坐的"科普特"号邮轮于1901年11月24日启程,12月16日抵达旧金山。在时任加州大学伯克利分校东方语言与文学系教授傅兰雅的帮助下,陈锦涛、王宠惠等9名留美生均直接进入加州大学伯克

王宠佑像

王宠惠像

利分校学习。这批北洋大学堂毕业生没有进入预备学校，而是全部直接进入大学，说明北洋大学堂的教学质量值得肯定，后来其中多人陆续转入美国东部的大学深造，并获得博士和硕士学位，成为国家的栋梁。加州大学校长在年度报告中曾称，这 9 名中国留学生“在大学里的表现极佳，他们优秀的才华和能力为他们赢得了师生们的尊敬和敬仰”。[29]

这批留美学生中最负盛名的当属广东虎门人王宠佑、王宠惠昆仲。王宠佑（1879—1958），字佐臣，出生于香港，其父王煜初为香港礼贤会堂牧师，两年后，乃弟王宠惠出生。1895 年，兄弟两人同时考入北洋西学学堂（翌年改名为天津北洋大学堂）。王宠佑于 1899 年毕业于北洋大学堂，1901 年赴美国留学，先后就读于加利福尼亚大学伯克利分校和哥伦比亚大学。1904 年获硕士学位后，留学英国、法国、德国，获博士学位。1908 年回国后，在长沙建立中国第一个采用近代方法炼锑的工厂,并任总工程师。同年,任工商部委员。1914 年,任大冶铁矿经理。1922 年,任华盛顿会议中国代表团顾问。后参与发起组织中国地质学会和中国矿冶工程师学会,并在 1925 年当选中国地质学会会长。长期从事有色金属冶金研究,是世界上最早研究粉末冶金的专家之一。1958 年 8 月,王宠佑在美国纽约病逝。他的学术专著有《锑》《钨》等。[30]

王宠惠(1881—1958),字亮畴,民国时期著名法学家、政治家、外交家。幼年入香港圣保罗学校学习英文,继入香港皇仁书院,1895 年,考入天津北洋西学学堂法科。1896 年毕业后,到上海南洋公学(上海交通大学前身)任英文教习,一年后赴日留学,研究法政,曾任东京《国民报》英文记者,常以英文撰写时论,名噪一时。1900 年春,与冯自由等共组广东独立协会,反对清廷将广东土地割让给法国。1901 年赴美留学,先就读于加利福尼亚大学,后转入耶鲁大学攻读法学博士。1904 年,在纽约协助孙中山用英文撰写《中国问题的真解决》,揭露清廷黑暗统治,劝说各国放弃支持清廷的政策。1905 年,加入同盟会。1907 年,到欧洲继续研究法学,考取英国律师资格。在德国被选为柏林比较法学会会员,将《德国民法典》一书译成英文出版。1911 年 9 月回国,任上海都督陈其美顾问。不久,以广东代表身份出席南京会议,被推选为各省代表会议副议长。1912 年 1 月,任南京临时政府外交总长,3 月任司法总长,6 月辞职,任外交部顾问。后任上海中华书局英文编辑部主任兼孙中山创办的铁路公司顾问。1913 年,受聘为复旦大学副校长。1920 年,任北洋政府大理院院长兼法官刑法委员会、法理讨论会会长。1921 年,与施肇基、顾维钧为北洋政府全权代表,出席在美国召开的华盛顿会议。1922 年 6 月,任教育总长,9 月署理国务总理事务,世称这届内阁为“好人政府”,11 月辞职。1923 年,任海牙常设国际法庭正法官。1926 年 1 月,任国民党第二届中央监察委员会委员。1927 年,任南京国民政府司法部部长。1928 年 8 月,任司法院院长。1930 年,再次被选为海牙法庭正法官。1937 年 3 月,任外交部部长,一度兼代主持行政院。1941 年,改任国防最高委员会秘书长。1943 年 11 月,随蒋介石出席开罗会议。1945 年 4 月,王宠惠等人代表中国出席联合国创立会议,参与制定《联合国宪章》,王宠惠主持宪章条文中文本最后的审核和文字润色工作。1946 年 11 月,参加制宪国民大会,参与制定《中华民国宪法》。1948 年,再任司法院院长。1949 年赴香港,后转台湾。1958 年 3 月,病逝于台北。王宠惠著有《宪法刍议》《宪法危言》《比较宪法》等。[31]

1904 年,南洋公学继续在毕业生中选派学生赴美留学。1905 年 1 月 11 日,“胡诒谷、吴乃琛、徐维震、邵长光、陈同寿、屠慰曾、胡壮猷和学校具结画押后,起程赴美留学”[32]。美国海关档案显示,胡诒谷(Hu Wenfu Yiko)、吴乃琛(Woo Nae Tsung)、徐维震(Hsu Vee Tseng)、邵长光(Chao

Chang Kwang)、陈同寿(Chen Tung Shou)、屠慰曾(Tu Wei Tseng)、胡壮猷(Hu Chwang Yu)7人所乘坐的“特里蒙特”号轮船从日本横滨出发,于1905年2月15日抵达华盛顿州塔科马。到美国后,7人全部进入加州大学伯克利分校学习,后来大部分陆续转学到其他学校。[33]

从1898年到1905年,盛宣怀先后主持、出资选派学生,分赴日本、欧美等国大学留学,被派学生以北洋大学堂、南洋公学为主,也有其他学校、其他类型的学生,总计约60名,成为20世纪初我国留学潮初起阶段一支重要的留学人群。[34]

1906年,南洋公学改隶邮传部,更名为邮传部上海高等实业学堂。1907年,该校商务专科“学生中成绩较优的杨锦森、赵景简、徐经郛、胡鸿猷、林则蒸、杨荫樾6名考选赴美国留学”[35]。美国海关档案显示,1907年12月15日,杨锦森(Young Chinson)、赵景简(Tsao Chin Kien)、徐经郛(Hsu Ching Fu)、胡鸿猷(Hu Hung Yiu)、林则蒸(Lin TsaeTsin)、黄觉因(Wong Koung)、陈容(Chen Yong)等7人乘坐“马汝”号邮轮从上海启程,1908年1月10日到达美国西雅图。杨荫越则于1908年10月20日乘船到达西雅图。这一名单与校史纪事略有出入,但更为准确。这8名同学全部进入宾夕法尼亚大学学习经济,有6人获得了硕士学位。

美国海关档案中关于清末官费留美生的记录,对于19世纪70年代留美幼童之后到1909年庚款留美生之前的这段时期，做了有益补充。这一时期的赴美留学生，绝大部分都进入美国著名大学并获得学士及硕士学位，其中很多人回国后成为国家栋梁，在政界、实业界、教育界均有所建树。美国海关档案是留美生真实的入境证明，利用留美生的出入境信息，有助于弥补国内文献记录的单一与不足。[36]

注释

1. 徐以骅:《颜永京与圣公会》,《近代中国》第10辑,上海社会科学院出版社2000年版,第194页;汪常明:《19世纪颜永京家族与亲族留学美国小考》,《浙江档案》2017年第6期。
2. 容闳:《容闳自述》,安徽文艺出版社2014年版,第14—15页。
3. 井振武编著:《留美幼童与天津》,天津人民出版社2016年版,第22—23页。
4. 井振武编著:《留美幼童与天津》,天津人民出版社2016年版,第23页。
5. 《论子弟出洋肄业事》,《申报》1872年8月16日。
6. 梁碧莹:《近代中美文化交流研究》,中山大学出版社2009年版,第77页。
7. 温秉忠:《一个留美幼童的回忆》,陈学恂、田正平编:《中国近代教育史资料汇编·留学教育》,上海教育出版社2007年版,第117页。
8. 《梁敦彦小传》,华盛顿州立大学图书馆数字收藏部,https://content.libraries.wsu.edu/digital/collection/5983/id/1107。
9. 广东省地方志编纂委员会编:《广东省志·人物志》,广东人民出版社2002年版,第272页。
10. 高宗鲁译注:《中国留美幼童书信集》,传记文学出版社1986年版,第10—11页。
11. 高宗鲁译注:《中国留美幼童书信集》,传记文学出版社1986年版,第59—60页。
12. 高宗鲁译注:《中国留美幼童书信集》,传记文学出版社1986年版,第61—62页。
13. 王丽君:《晚清留美幼童——牛尚周》,上海档案信息网,https://www.archives.sh.cn/datd/hsrw/202209/t20220930_67796.html。
14. 上海市孙中山宋庆龄文物管理委员会编:《史事与史迹:孙宋孔蒋家族在上海》,上海辞书出版社2017年版,第137—138页。
15. 朱玖琳译注:《詹姆斯·伯克著〈我的父亲在中国〉有关宋氏家族的记载》,收入孙中山宋庆龄文物管理委员会编:《孙中山宋庆龄文献与研究》第3辑,上海书店出版社2011年版,第354—355页。
16. 蒋晓萍:《跨文化教育实践的传承与超越——基于宋氏三姐妹在卫斯理安学院留学经历的视角》,《衡阳师范学院学报》2018年第5期,第84页。
17. 《两江总督端方奏选派学生赴美留学办理情形折》,《政治官报》1907年第95号,第10—11页。
18. 《中国女界赴美留学之起点》,《隶教育杂志》1907年第10期,第105—106页。

注 释

19. 蒋晓萍:《跨文化教育实践的传承与超越——基于宋氏三姐妹在卫斯理安学院留学经历的视角》,《衡阳师范学院学报》2018 年第 5 期,第 85 页。
20. 张圣芬:《中华医学会百年历史上的一对传奇兄弟——中华医学会老会长牛惠霖、牛惠生》,中华医学会编:《百年魂、中国梦: 纪念中华医学会百年诞辰征文集萃》,中华医学电子音像出版社 2015 年版,第 311—312 页。
21. 张圣芬:《中华医学会百年历史上的一对传奇兄弟——中华医学会老会长牛惠霖、牛惠生》,中华医学会编:《百年魂、中国梦: 纪念中华医学会百年诞辰征文集萃》,中华医学电子音像出版社 2015 年版,第 312 页。
22. 张圣芬:《中华医学会百年历史上的一对传奇兄弟——中华医学会老会长牛惠霖、牛惠生》,中华医学会编:《百年魂、中国梦: 纪念中华医学会百年诞辰征文集萃》,中华医学电子音像出版社 2015 年版,第 313 页。
23. 张圣芬:《中华医学会百年历史上的一对传奇兄弟——中华医学会老会长牛惠霖、牛惠生》,中华医学会编:《百年魂、中国梦: 纪念中华医学会百年诞辰征文集萃》,中华医学电子音像出版社 2015 年版,第 316—319 页。
24. 张圣芬:《中华医学会百年历史上的一对传奇兄弟——中华医学会老会长牛惠霖、牛惠生》,中华医学会编:《百年魂、中国梦: 纪念中华医学会百年诞辰征文集萃》,中华医学电子音像出版社 2015 年版,第 316—319 页。
25. 上海市孙中山宋庆龄文物管理委员会编:《史事与史迹: 孙宋孔蒋家族在上海》,上海辞书出版社 2017 年版,第 140 页。
26. 欧七斤:《盛宣怀与中国近代教育》,上海交通大学出版社 2016 年版,第 75 页。
27. 胡礽泰因故于 1902 年中途回国,未完成学业。详见郭晶萍、徐珊珊:《美国海关档案与清末南洋公学留美生史实》,《历史档案》2020 年第 1 期,第 133 页。
28. 郭晶萍:《章宗元留美期间的社团活动研究(1903—1907)》,《珠海潮》2019 年第 2 期,第 202 页。
29. 郭晶萍、徐珊珊:《美国海关档案与清末南洋公学留美生史实》,《历史档案》2020 年第 1 期,第 136—137 页。
30.《虎门镇志》,方志出版社 2016 年版,第 271 页。
31.《虎门镇志》,方志出版社 2016 年版,第 271—272 页。

注 释

32. 上海交通大学校史编纂委员会编:《上海交通大学纪事 1896—2005》(上卷),上海交通大学出版社 2006 年版,第 49 页。
33. 郭晶萍、徐珊珊:《美国海关档案与清末南洋公学留美生史实》,《历史档案》2020 年第 1 期,第 138—139 页。
34. 欧七斤:《盛宣怀与中国近代教育》,上海交通大学出版社 2016 年版,第 76 页。
35. 上海交通大学校史编纂委员会编:《上海交通大学纪事 1896—2005》(上卷),上海交通大学出版社 2006 年版,第 55 页。
36. 郭晶萍、徐珊珊:《美国海关档案与清末南洋公学留美生史实》,《历史档案》2020 年第 1 期,第 140 页。

第

二

章

启程：

庚款留美“甄别生”与沪上学堂

众所周知，因美国退还庚子赔款而促成的庚款留美运动，揭开了近代以来中国赴美留学的大潮。自1909年开始，大批赴美留学生乘坐着“中国”号邮轮，乘风破浪，驶向了代表西方现代文明的北美大陆。

1909年、1910年、1911年，通过严格考试录取了三批直接留美生共180人，此三批学生经过游美学务处进行的“品学甄别考试”后，直接送往美国留学，所以又被称为“甄别生”。这些留学生都是20岁上下的青少年，大都来自各教会学校和省立高等学堂。在第一批47名庚款留美学生中，有20人来自上海圣约翰和邮传部高等实业学堂这两所学校；第二批录取的70名学生，来自国内外的近30所学校，其中上海圣约翰大学占第一，录取了12名，其次为邮传部上海高等实业学堂。

邮传部上海高等实业学堂的成立早于清华学堂，为清末庚款赴美留学事业输送了大批青年才俊，是中国本土化办学与美国现代教育相汇合的最佳典范；而上海的圣约翰大学则被称为“江南教会第一学府”，名不虚传。在全国范围

Chinese Minister Is Cheered At Andover

Proves Chief Figure at Phillips Academy Exercises and Makes Hit With Hearers of Banquet Speech.

Chinese Minister as He Looked in 1881.

ANDOVER MEN GIVE HIM CUP

Surprise for Chentung Liang Cheng.

Recalls His School Days at

美国报纸对梁诚的报道

梁诚(前排右 1)所在的菲利普斯学校棒球队合影

内，上海赴美留学生人数遥遥领先，既是上海趋新向学风气的体现，更彰显了清末民初上海教育改革在全国教育与社会变革中发挥着极其深远的影响。

一、留美幼童梁诚与庚款留美计划的提出

1900年，美、英、德、法、日、意、奥、俄等国组成的“八国联军”联合侵略中国，并于1901年9月7日迫使清政府与之并比利时、西班牙、荷兰共十一国签订了《辛丑条约》，条约规定：中国自1901年起须向各国赔偿所谓战争损失4.5亿两白银，分39年还清，年息4厘，本息共达9.8亿两，这就是历史上的“庚子赔款”。而其中美国从中分得3293.9055万两，合24440778.81美元，占总数的7.3%，外加年息，到1940年止，本息共达53351511.15美元。《辛丑条约》签订后，清廷决定实行“新政”，全面实行变法，而其中将向日本派遣留学生作为“新政”的主要措施之一，以致几年中，留日蔚成风气，极一时之盛。清末的留日热潮使美国看到了培植中国留学生的好处，美国不少“有识之士”认为，吸引中国学生到美国留学无疑可以培养亲美势力，控制中国知识界，从而达到楚材晋用的目的。因此，为了维护美国的在华利益，在1904年前后，美国国内出现了“退还”美国所得“庚款”以“帮助”中国发展教育的舆论。而中国方面对核减退还庚款的要求，则始于驻美公使梁诚与美国国务卿海约翰就还

金问题进行的会谈。[1]

梁诚，广东番禺人，是1875年随容闳赴美留学的第四批幼童，时年仅12岁。1878年，梁诚入读马萨诸塞州的菲利普斯学校，同时在阿默斯特学院补习希腊文。1881年，他从菲利普斯学校高中毕业，正准备第二年入读耶鲁大学或阿默斯特学院，但因清政府提前召回留美幼童而未能完成大学学业。梁诚爱好打棒球，曾是菲利普斯学校棒球队主力。

六年的留学生活是梁诚人生的转折点，为他多年以后的外交生涯奠定了坚实的基础。1902年7月，清廷以记名道加三品卿衔任命梁诚为驻美公使，兼任驻西班牙、秘鲁公使。1903年至1907年出任驻美公使，他向美国政府交涉退还超额部分的庚子赔款，向美国合兴公司交涉赎回兴筑粤汉铁路的权益，取得了令人瞩目的外交成绩。[2]

1903年梁诚赴美任驻美公使。6月16日，他出席母校菲利普斯学校成立125周年纪念大会，以中国驻美公使和校友资格发表演说，回忆他童年时代的种种趣事，并提及他崇拜的教授和棒球好手的同学。梁诚对该校校长阿里弗士美说，当时美国朝野对中国认识极为浅薄，一般人心目中均以奇异或看不起之眼光视我华人。当时的总统西奥多·罗斯福曾经问梁诚："当年获得好评，蜚声校际棒球好手的是谁？"梁回答："就是我。"梁诚少年时期这段光彩的历史，为他后来在美国办外交带来极大的好处，白宫政要对他刮目相看，办起交涉顺手得多，人们皆称这是“棒球外交”。就在 1903 年 6 月，阿默斯特学院授予他名誉法学博士学位。1906 年，耶鲁大学也授予他文学博士学位。[3]

20 世纪初，美国总统麦金利，国务卿海约翰及其后任路提，订约全权代表柔克义等，自始就知道美国庚款超索，有意退还中国。但在 1905 年以前，发生美国虐待华工及中国抵制美货等问题，美方暂时不提此事。1905 年 1 月，梁诚和海约翰商谈庚款付金或付银问题，要求美方同意付银，以减轻中国负荷，却为海氏所拒。梁诚乃恳切希望海氏同情中国财政支绌，若一律付金，势必增加租税，民间负荷过重，仇洋之念益张，大局动摇，亦不符美国利益。“海为动容，默然良久，乃谓庚子赔款原属过多”，梁得此超收讯息，就放弃付银问题，转而主动向海约翰交涉退还超收庚款，并有相当的进展。5 月 13 日，中国外务部收到梁诚的第一份报告，谓海约翰已接受梁诚建议，同意美国政府与国会退还超收之款。[4] 此时正值中美关系低潮期，1905 年中国爆发了抵制美货的爱国运动，加之中国收购“美华开发公司”共同修建粤汉铁路、广东廉州美国传教士被杀等一连串事件，美国总统西奥多・罗斯福遂搁置退还庚款之事，直至 1907 年初仍无消息。其间，梁诚继续活动，游说美国各方势力同意退款。终于在是年 6 月 15 日接到美方正式照会，而此时梁诚应外务部要求“回京供差”。12 月 3 日，罗斯福于国会咨文中同意退款，并请国会授权。1908 年 2 月，接任梁诚为驻美公使的伍廷芳继续运动，最终美方同意索赔之款由 2444 万美元，减为 1365.5 万余元，年息四厘在外。应退还中国者为 1078.5 万余元，本息合计为 2840 万元。此一决议案经国会联合会议于 1908 年 5 月 25 日通过。罗斯福总统于 12 月 28 日签字命令执行。[5]

为加快留美学生派出的进度，1909 年 5 月，美国方面与清政府协议，派驻华使馆汉务参赞丁家立为代表襄助外务部左参议周自齐经理挑选留学生事宜。7 月 10 日，经过一年的酝酿，外务部与学部共同会奏《收还美国赔款遣派学生赴美留学办法折》，并拟定了较为具体的《遣派游美学生办法大纲》，庚款留学学生的选派终于迈出了实质性的一步。[6]

二、邮传部上海高等实业学堂与早期庚款留美生

由于美国学校大多在九月开学，早在 1909 年 6 月，驻华美使馆参赞丁家立即来函，要求清政府"急速选派，尚可及时。如再稍事稽延，则入学势必愆期"，而《遣派学生赴美办法大纲》上奏时已是 7 月 10 日，外务部担心美国政府因此发生疑虑，决定立即通电各省选取合格学生，克期送京，与此同时，北京也张榜招考，然后统一考试，择优送往美国。因此，第一批庚款学生的委派，并未完全依照《办法大纲》执行。[7]

由于各省教育的发展状况参差不齐，所以选送的学生多

少不等。根据已有史料，从7月底邮传部上海高等实业学堂开始，到11月初广西止，在3个多月的时间里，先后有十几个省共选送了150余名学生赴京备考，其中以邮传部上海高等实业学堂最为突出。7月16日，外、学两部将选派学生一折咨知邮传部后，邮传部立即咨行上海高等实业学堂。很快，该校监督即致电邮传部，声明选派学生一事已在全校公布，按照办法大纲的要求，该校合格学生颇多，品行均尚端谨，不染时习，提出是否能由该校咨送、是否有名额限制的问题，请邮传部咨询外、学两部。8月4日，外务部咨复邮传部，同意该校送选合格学生来京，并不限制人数。该校立即选送了专科生康时清、金涛等42名学生。外务部迅速将该批学生名单（并唐山路矿学堂选送的嵇铨等9名学生名单）通知了游美学务处，这是各省选送的第一批学生。不久，邮传部上海高等实业学堂又分批选送了专科生林庄、孙世缵等6人及朱复、钟鄂两名学生，其中，朱复是“自备资斧”到京赴考的。该校前后共咨送了50名学生赴京考试。与各省相较，不仅选送的时间最早，而且选送的学生也最多。[8]

表1 第一批庚款留美学生基本情况表

姓名	别号	年龄	籍贯	肄(毕)业学堂(部门)	总考分	所习学科
王士杰	任安	20	浙江奉化	上海高等实业学堂	716	文学哲学
王仁辅	士枢	20	江苏昆山	上海复旦公学	659	算学
王长平	鸿猷	20	山东泰安	北京汇文书院	427	教育心理
王　健	晋生	19	直隶大兴	天津高等工业学堂	498	化学
王　琎	季梁	19	浙江黄岩	译学馆	422	化工

第　　二

（续表）

姓名	别号	年龄	籍贯	肄(毕)业学堂(部门)	总考分	所习学科
方仁裕		20	江苏青浦	上海高学实业学堂	521	
朱　复	启明	20	江苏嘉定	苏省铁路	779	土木
朱维杰	鸳福	18	江苏南汇	上海南洋中学	607	化工
何　杰	孟绰	19	广东番禺	唐山路矿	600	采矿
李进隆	琦伯	20	湖南湘乡	上海复旦公学	415	冶金
李鸣龢	竹书	19	江苏江宁	上海高等实业学堂	685	化工
吴玉麟		20	江苏吴县	上海高等实业学堂	736	电机
吴清度	璧城	20	江苏镇江	上海高等实业学堂	595	电机
邢契莘	寿农	19	浙江嵊县	直隶高等	647	造船、军舰制造
金邦正	仲藩	20	安徽黟县	天津自立第一中学	644	森林
金　涛	旬卿	19	浙江绍兴	上海高等实业学堂	792	土木
邱培涵	养吾	19	浙江吴兴	上海高等实业学堂	465	农商
秉　志	农山	20	河南开封	京师大学堂	558	农
胡刚复		17	江苏无锡	上海震旦公学	719	数理
范永增		20	江苏上海	上海高等实业学堂	727	卫生工程
徐承宗		18	浙江慈溪	上海崇贤堂	489	文科
徐佩璜	若陶	20	江苏吴江	上海高等实业学堂	595	化工
高纶瑾	季瑜	20	江苏江宁	南京汇文书院	445	铁道管理
唐悦良	悦良	19	广东香山	上海约翰	691	教育政治
袁仲铨	叔衡	20	江苏江宁	顺天高等	492	电机
张　廷	贡九	20	江苏无锡	上海高等实业学堂	600	电机
张福良		19	江苏无锡	上海约翰	648	森林
张　准	子高	20	湖北枝江	湖北普通中学	434	化学
陈兆贞		18	广东番禺	上海同文馆	554	铁道管理
陈　焜	宗南	20	广东增城	唐山路矿	550	化工

（续表）

姓名	别号	年龄	籍贯	肄(毕)业学堂(部门)	总考分	所习学科
陈庆尧	慕唐	20	浙江镇海	上海高等实业学堂	529	化学
陈宝淦	次兰	20	江苏常熟	江苏游学预备科	609	农业、化学
梅贻琦	月涵	18	天津	保定高专	834	电机
程义法	中石	18	江苏吴县	上海约翰	776	采矿
程义藻		20	江苏吴县	上海约翰	638	机械
曾昭权		16	湖南湘乡	上海复旦公学	424	电机
杨永言		20	江苏嘉定	上海高等实业学堂	602	
裘昌运	昌运	19	江苏无锡	东吴大学	619	农业、经济
贺懋庆	勉吾	20	江苏丹阳	顺天高等	651	造船工程
卢景泰		18	广东顺德	广东岭南	520	道路工程
戴修驹		20	湖南武陵	译学馆	411	机械
戴　济	汝楫	20	江苏吴县	上海高等实业学堂	578	工业化学
谢兆基	纯组	19	浙江吴兴	上海约翰	694	化工
魏文彬	雅庭	20	河北密云	北京汇文	726	财政
邝熙堃	伯和	17	广东番禺	上海约翰	728	文学、新闻学
严家驺	伯鋆	20	福建闽侯	北洋水师官立学堂	642	数理
罗惠桥	东里	20	浙江鄞县	上海高等实业学堂	752	河海工程

资料来源：谢长法：《中国留学教育史》，山西教育出版社 2006 年版，第 101—102 页。

据此表统计，第一批庚款赴美留学生共 47 人，从上海各学堂毕业的学生就达 27 人，其中上海高等实业学堂毕业生 14 人，上海圣约翰 6 人，上海复旦公学 3 人，上海震旦公学 1 人，上海崇贤堂 1 人，上海同文馆 1 人，上海南洋中学 1 人。

创办于 1896 年的南洋公学（今上海交通大学前身）是中国历史最悠久的高等学府之一，由盛宣怀筹款在徐家汇创办,后该学校先后隶属商部、邮传部。1906年隶属邮传部之后,改名为邮传部上海高等实业学堂。[9]

1896年,根据南洋公学总理何嗣焜(梅生)起草的《南洋公学章程》规定,学校分立外院、中院、上院和师范四院。其中,上院相当于大学。但从实际开办情况来看,因为"在生徒卒业者,除已派出洋外所留无多",所以直到1904年开始,上院始招收学生。清末新政之后,清政府大力提倡实业教育,其下发的《奏定学堂章程学务纲要》中就要求各省从速设立实业学堂。1904年,南洋公学改隶商部,由此学堂办学方向自培养从政人才,向培养高级工商业人才转变。自1906年学堂改隶邮传部后,学堂和邮传部的关系日益密切。1907年,唐文治就任邮传部上海高等实业学堂监督后,开始根据邮传部的人才需求,着力对专业设置进行调整,并集中办理与交通邮电有关的工程专业。是年十月,他曾致函京张铁路总工程师詹天佑,邀请他推荐铁路工程师来校任教,说明其时学堂正逐步向工科转变。后根据清政府派学务官监督学堂考核的规定,詹天佑参与了邮传部上海高等实业学堂毕业考试的监督工作,既体现了邮传部对学堂学务的重视,也预示了邮传部对学堂教学方向转变的支持。正是因为学堂办学方针的转变,导致了学堂最终决定将原来的上院和中院进行整合。虽然根据教育部章程,1908年学堂改高等预科及中院各班为中学五年毕业;上院改为专科,3年毕业。但是,1909年校中却仿照普通中学制度,将上院一班改称中学5年级。原上院因何由专科改为普通中学，还需要进一步考证，但改制带给上院学生的最直接影响是学历的改变，即本应获得大学学历的上院学生，只获得了普通中学的毕业文凭。据《南洋公学——交通大学年谱》记载：1909年夏，邮传部上海高等实业学堂中学第一届学生毕业，学制5年，共计51名学生，并经江苏提学使复试后，分别授予拔贡、优贡或岁贡等功名。一位名叫梁启英的毕业生的毕业文凭显示，其在校期间共修习20门功课，包括英文、历史、理财、法制、机械画图、博物、高等化学以及道德、经学、国文、法文、地理、实体几何、三角、物理、法律、体操等。[10]

似乎是一种巧合，邮传部上海高等实业学堂设置的课程内容，与即将举行的赴美留学考试颇为契合。1909年9月2日，到北京游美学务处登记报考者计640余人。9月4日，考试在学部正式举行。第一天考国文，翌日考英文，考生只有通过了这两场考试，方可参加其余的各场。其余各场为：9月9日考代数、平面几何、法文、德文、拉丁文，9月10日考立体几何、物理、美术、英史，9月11日考三角、化学、罗马史、希腊史。经过两段五场考试，计录取47名。9月16日，游美学务处正式设立，由外务部和学部共同管辖（实际上由外务部掌其实权）。是月，内务府又将皇室赐园——清华园拨交学务处作为游美肄业馆（1911年4月改名为清华学堂），由外务部丞参周自齐为总办，学部郎中范源濂、外务部主事唐国安为会办，容揆为驻美监督。[11]

第　　二

郵傳部上海高等實業學堂為

梁启英的毕业文凭

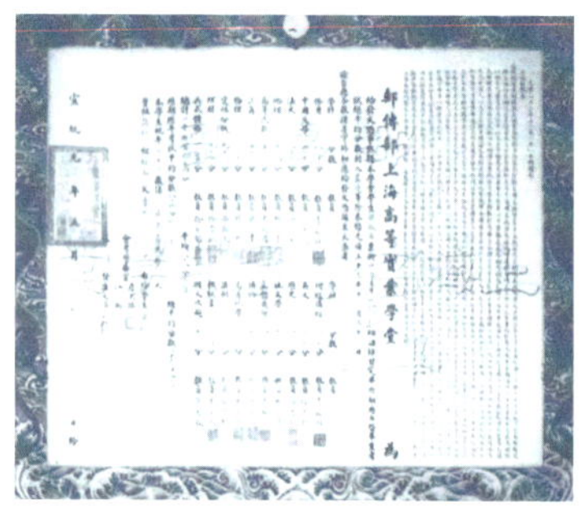

郵傳部上海高等實業學堂為

梁启英的修业文凭

9月23日，游美学务处将录取的第一批学生姓名、年龄、籍贯清折呈报了外、学两部。同日，游美学务处又呈报外、学两部，拟以驻美使馆参赞、候选道容揆为驻美学生监督。容揆为容闳选送的第二批留美幼童之一，毕业于耶鲁大学，曾历充湖北、江南、广东等省游美学生监督，于游学情形尤为熟悉，“文名素著、品行纯笃，足为诸生矜式”。该呈文于1910年3月11日正式奏准。第一批学生选定后，外、学两部决定委派外务部主事、游美学务处会办唐国安护送前往美国，行前为他们制备了行装，“学生四十七名，整装费每名银洋二百五十元，共一万一千七百五十元”。虽然首批庚款留美生的选拔比较仓促，但从考试科目来看，其选拔要

初次考送赴美留学学生合影

求在当时还是相当高的。考选也十分严格，600 多名中仅取 47 名，虽不足百名的定额，但显示出清政府的高度重视和宁缺毋滥的原则。因而“所派学生四十七名程度均有可观，年龄亦皆合格”，在美皆能安心向学。外、学两部也认为游美学务处的办理“尚属妥洽，因材授学既末凌节而施，殊途同归足收树人之效”。[12]

1909 年 10 月，该批学生乘“中国”号轮船，由沪起程赴美，11 月 13 日，安抵华盛顿。[13]第一批庚款留美生王琎（1888—1966）曾在日记中追忆这段航程：“同行者有四十七人……乘‘中国’号邮轮过日本、檀香山至美。由唐开生及唐孟伦送至旧金山，由容揆送至春田，遂入麻省 Ashburnham 之科森预备学校，始睹美国风俗民情焉……”[14]在上海候船期间，胡敦复劝说大家剪掉辫子，王琎和大部分同学犹豫再三，禁不住胡敦复一再的鼓励，下决心剪了辫子。有的同学还为辫子被剪掉痛哭了一场。首批庚款赴美留学生乘坐的是“中国”号邮轮，是一艘蒸汽轮机船，这艘铁壳船的两个烟囱夹在四根巨大的桅杆之中。航行路线也与三十多年前留美幼童前往美国的路线一致，经日本、檀香山到美国旧金山，再乘坐火车横穿美国大陆。程义藻（1888—1983）曾回忆出发后的情形：“本级同学由唐介臣先生领导，全体乘‘中国’号邮轮出国。离沪在 10 月初，越 21 日始抵旧金山……旧金山上岸后，即参观该城各大学，休息三日后，即乘特快火车，近三日夜之时间，至芝加哥城。当日参观芝

徐佩琨为国立交通大学的题词

加哥大学。并承招待午餐。后再换成火车至华盛顿京城。”同为庚款留美第一批学生的罗惠侨也曾回忆彼时境况：“我们从上海动身，乘汽轮‘中国’号经日本的长崎、神户、横滨及檀香山，至美国西部旧金山上岸。同行的有留美学务处副监督唐开森及职员唐孟伦。他们在船上、旅途中对我们讲述美国的生活方式和美国社会上种种交际礼节。……轮船经过的码头，停泊后均有寰球学生会及青年会派来人员引导我们游玩，表示他们的友谊，招待周到。”[15]

第一批庚款赴美留学生中由邮传部高等实业学堂选送的有徐佩璜、罗惠侨、邱培涵、范永增、张廷金、戴济等。其中徐佩璜、徐佩琨昆仲，皆为庚款留美生。徐佩璜（1887—1973），字君陶，江苏吴江横扇人。1909年毕业于邮传部高等实业学堂预科，首届庚款留美生。1914年毕业于麻省理工学院化工专业，留美工作 7 年，任助教、研究员、工程师、实验场长，曾被聘为纽约市市政工程副总工程师。1921 年回国后，历任上海总商会商品陈列所化学工艺部审查员、上海五洲固本造药厂总工程师、南洋大学教授兼附属中学主任，创办同心制造厂。1924 年当选为中国工程学会会长。1927 年北伐胜利后，任上海政治分会秘书长、上海农工商局工业科科长、代局长。1930 年暂代上海市财政局局长，任教育局局长、市划区委员会主席。1931 年任上海特别市党部执行委员会常委，翌年，调任上海市政府专员，兼代公用局局长。1937 年，主持上海市公用局编印纪念刊《十年来上海市公用事业之演进》。新中国成立后曾任昆明市轻工业局副总工程师。1973 年逝世。[16] 徐佩琨（1892—1980），1909 年毕业于邮传部上海高等实业学堂附属中学，1914 年毕业于交通部上海工业专门学校土木工程科，被选派至美国宾夕法尼亚铁路公司实习，后就读于宾夕法尼亚大学，1917 年获俄亥俄州立大学经济学硕士学位。1919 年回到上海，与徐名材及兄长徐佩璜创办中华肥皂公司。1932 年出任国立上海商学院首任院长，1946 年任上海商学院复校筹委会委员，北平铁道管理学院院长。1949 年初离职后去香港。1976 年冬归居上海，1979 年受聘为上海市文史研究馆馆员。1980 年逝世，葬于苏州横山。[17]

三、上海圣约翰书院与第二批庚款留美生

1910 年 3 月,学部制订了第二批考选留美学生的办法。第一格学生,由各地通过考试选拔,不拘额数,送京复试;第二格学生则一面由各省提学使按额考选送京复试,一面在京招考。原计划当年考取学生,一律先入肄业馆,编归高等、初等两科,学习三个月后再举行甄别考试。当年 8 月,因肄业馆各项工程正在兴建,到年终才能落成,而离美国学校开学之期又近,于是仍照上年招考办法,考取第一格学生先行派遣。按照学部所订的考选学生办法,是年 7 月游美学务处举行了第二次直接赴美的留学生考试。[18]

第一批庚款留美学生选派时,邮传部上海高等实业学堂是最先咨送学生赴京参考的,且咨送的学生也最多。这一次该校又居第一位。1910 年 7 月 7 日,邮传部即呈文外务部、学部,咨送该校选送的顾惟精、徐乃莲、陈明寿等 39 名学生。文中称这些学生"程度均属相当",文后并附有履历清册。这批学生中,从年龄看,20 岁者占了多数。从籍贯看,江苏籍学生居第一,浙江籍学生为第二位,再次为广东籍学生。江浙籍学生共占总数的 74%。7 月 11 日,邮传部再次咨送了该校第二批学生杨孝述等 3 人。前后两批共 42 名学生,约为二批庚款留美学生选派参考生总数的十分之一。[19]上海圣约翰书院紧随其后,也选派咨送了多位学生。

到 7 月中旬规定的期限内,"各省送到及在京报考学生

睁眼看世界　赴美

第　二

1910年第二批庚款生于北京合影。立者第1排左5为竺可桢，第3排左1为胡适，后数第3排右4为赵元任

共四百余人”。也就是说，参加第二批选拔考试者共400余人，较之第一批的600余人，减少了113人。根据游美学务处向外务部、学部的呈文报告，这次考试系借用法政学堂讲堂进行的，共4场。第一场为1910年7月21日，考试国文、英文。同第一批一样，只有通过这两门考试者，才能参加第二阶段的考试。国文试题为《不以规矩不能成方圆说》，英文考试的题目为《借外债兴建国内铁路之利弊说》。[20] 在当时这是一道很有现实意义的试题，属于政策性的时论。让中国学生用英文来分析论述这样一个复杂敏感的问题，不仅是对参考学生英文提出挑战，对于他们的学识、思想、见解，也是一个严格的考察。第二批选拔考试之难，于此可见一斑。7月21日考试之后，22日至25日校阅试卷，然后张榜公布了第一场取录各生姓名，共272人，占400余名参考者的约70%，与第一批国文、英文考试后即淘汰近90%相比，这一批考生的水平有所提高。从7月26日开始，进行第二阶段的考试。这一天考试科目为高等代数、平面几何、希腊史、罗马史、德文、法文，为第二场，共6门。27日为第三场，考试物理学、动植物学、生理学、平面三角、化学，共5门。29日考试立体几何、英史、美史、地理学、拉丁文，共5门，为第四场。

第二批庚款留美学生考试，从7月21日开始，到7月29日止，共9天，分前后两个阶段，正式考试为4天4场，共计18门功课。与第一批的考试相比，正式考试时间减少了

1天,场次减少了1场,科目则增加了动植物学、生理学、地理学3门。所有试卷经过认真校阅、评分后,8月2日分别张榜公布。这一次在"选取分数较优者七十名拟定径送赴美学习"外,对于那些"各科学力深浅不齐而根柢尚有可取、年龄亦属较轻各生,亦经从宽选取一百四十三名",准备在肄业馆建成后,收入该校高等科分班学习,作为将来选派的准备。这是第二批选派不同于第一批选派的一个方面,亦见政府对于人才的珍惜与选派的重视。

第二批录取的70人是:杨锡仁、赵元任、王绍礽、张谟实、徐志芗、谭颂瀛、朱箓、王鸿卓、胡继贤、张彭春、周厚坤、邓鸿宜、沈祖伟、区其伟、程闿运、钱崇澍、陈天骥、吴家高、路敏行、周象贤、沈艾、陈延寿、傅骕、李松涛、刘寰伟、徐志诚、高崇德、竺可桢、程延庆、沈溯明、郑达宸、席德炯、徐墀、成功一、王松海、王预、谌立、杨维桢、陈茂康、朱进、施赞元、胡宣明、胡宪生、郭守纯、毛文钟、霍炎昌、陈福习、殷源之、符宗朝、王裕震、孙恒、柯成楙、过宪先、邝翼堃、胡适、许先甲、胡达、施莹、李平、计大雄、周开基、陆元昌、周铭、庄俊、马仙峤、易鼎新、周仁、何斌、李锡之、张宝华。[21]

这一次的录取名单,较之第一批录取名单,增加了学生肄业或毕业学堂及每个人考试的平均分数两项,更为详细、全面。

1910年8月4日,游美学务处将考试情况及录取名单呈报外务部、学部。当天,外务部即将录取的第二批庚款留美学生70名及该批学生赴美日期等事，致函美国驻华公使嘉乐恒，请其转达美国政府。信中声明，外务部、学部将委派唐彝、胡敦复、严智崇等3人带同该批学生，于8月16日由上海出发，预计于9月10日抵达旧金山。8月6日，外务部电令上海关道，立即在美国退还庚款项下，将第二批70名庚款留美学生的川装规银46576两及唐彝等人的川装规银4700两并学费16800美元准备妥当，待唐彝等人到达上海后拨交使用。

同第一批一样，第二批庚款留美学生也是由上海乘“中国”号轮船赴美。据外务部、学部于1911年1月25日具奏，唐彝等率领该批学生，于1910年9月11日到达美国，其时美国各大学“开校期迫”，鉴于此，唐彝等即与驻美监督容揆详细考察各生学力，“并就该生等平日所习科学，因其性之所近，认习农、工、商、矿、理、医、文学等科”。然后由旧金山到波士顿，一路上将学生们分别送入哥伦比亚等各大学。这一次学生所进学校及选学专业的工作，比较第一批学生的安排更为严格、细致，在认真评定学生学力的基础上，考虑到学生过去所习之科学，选择适当的学校和专业，显得更为合理、妥善，这批学生入校后，“均能安心向学”。在这70名学生中，学习政治、经济、文学、教育及教育行政、社会、财政、银行、哲学等文科者为10人，约占总数的14%，其余学习农、工、矿、理、医等科。这一批学生选择文科比例较第一批稍低。至于胡适，后来改变了所学的专业甚至学校，有其深刻的背景和原因，属于非典型个案。[22]

第二批庚款留美学生的选派，从1910年3月开始，到1911年1月25日外务部、学部会奏第二批学生安抵美国、分入各大学止，历时约10个多月，较之第一批学生的选派，除了抓得早、时间长、成绩也更为显著外，还具有一些更突出的特点。首先，这次选派考试科目较第一次更难。第二批的考试增加了动植物学、生理学和地理学等三门。第二，考试难度增加了。将两批考试科目、难度等互相对照，可以看出，第二批考试，数学一项，要求必须学过英文代数、平面几何、平面三角，若学过解析几何者尤佳。格致一项中，物理、化学、动植物学、生理学则明确规定须有中等程度，这是第一批考试中所没有的。至于德文、法文一项，第一批要求为浅近程度，能与英文当面互译。这一次则提高为能作文、翻译。第三，第二批考试规定，除中文论说、德文、法文外，其余各科，均用英文考试，对考生英文水准的要求之高，可见一斑。这三方面的变化，大大提高了第二批考试筛选出的学员的水平。

其次，这次选派的过程较之第一批更加严格。外务部、学部、游美学务处除重申第一批考试的各项要求外，特别强调了初选考试这一关键环节。游美学务处就考试的学科程度，参照美国学程，拟定了统一标准，饬令各省认真执行。此外，对于学风、考试纪律方面，也有严格的规定。第二批考试，根据游美学务处的报告，“其间各生因犯怀挟等弊照章扣考者，先后八人”。清政府坚持严格选派的原则，贯彻办法大纲的规定，对考试作弊、违反考试规章制度者予以严惩。另外，对学生的身体健康也极为关注。考试之后，就对录取的学生进行了身体检查。因为第一批学生抵美入学后，曾有一名学生因病住院治疗。是故，这一次吸取了教训，对学生的身体状况进行了严格检查。[23]

第二批选派同第一批一样，再次显示了国内各省文化教育水平上的巨大差异，尤其彰显江浙地区文化教育的普及与发达。从录取生的籍贯上看，被录取者来自全国的 11 个省，同第一批的情况一样，江苏籍学生仍高居榜首，此次被录取者达 29 名，占总数 70 名的 41.4%，稳居第一位。再如浙江籍学生，第一批时录取 9 名，占总数 47 名的 19.1%，此次录取 14 名，占总数 70 名的 20%，从比例上看，微有提高。[24]

出现此种情况的原因很多。一方面，江浙两省经济发达，为文化教育的普及与发展，提供了雄厚的物质基础。另一方面，江浙地区具有悠久的历史文化传统。读书致仕，科举功名，始终是潮流时尚，形成了江浙地区显著的区域文化现象。近代以来，伴随着西方资本主义对我国特别是东南沿海地区的侵略进程，先进的科学、技术、文化、教育、思想等也进入中国特别是东南沿海地区，并不断扩大影响，江浙地区得风气之先，其中尤以教育最为突出。[25]

不过，学生的籍贯固然可以从一个方面说明其所在省份的教育程度，但更为重要的因素，还在于学生就读的学校。

学校的教学水平直接影响了学生的水平与程度。第二批录取的 70 名学生，从肄业或毕业学堂来看，来自国内外的近 30 所学校，其中上海圣约翰大学占第一，录取了 12 名，为总数的 17.1%。其次为邮传部上海高等实业学堂。并列第三名的是唐山路矿学堂和岭南学堂。圣约翰大学的突出成绩不是偶然的，作为一所著名的教会学校，除了国文课外，“其余课程一律使用英语课本，教师用英语教学，学生须用英语作习题和回答教师的提问，同学之间必须用英语交谈”。所以，学生的英语水平较高。此次考试最突出的难点，即是英语，对他们来说，却变成了优势的发挥，这是该校取得第一的非常重要的因素，其他如岭南学堂也是如此。时人曾评论说，“留美学生中，由教会学校出者，无虑占其半数”。[26]

圣约翰大学创建于 1879 年，初名圣约翰书院，1905 年在美国注册后，改称圣约翰大学。圣约翰大学是美国圣公会传教士在上海创设的一所大学，也是西方传教士在中国境内创设的第一所大学。[27] 从一个被人冷落的洋学堂发展成各地学子趋之若鹜、蜚声中外的名校，经历了一个漫长而艰辛的过程，而其中有若干重要阶段引人注目。在最早两批的庚款留美生中，有不少学生即毕业于上海的圣约翰。

圣约翰初创时，所招学生对于近代科学知识所知甚少。1892 年学校成立正馆（即大学部），形成 3 年正馆、4 年备馆（中学或大学预科）的学制。1906 年圣约翰在美国立案后，将正馆学制改为 4 年，主要聘用西籍人士充当教员，并进一步采用美国分科教学模式,课程主要有格致、算学、文学、哲学、方言、史学及社会学等,由“博学专科之士”授课。[28] 在纪律严明的校风主导下,圣约翰全力推行英文教育,营造美国式的校园文化氛围。圣约翰校长卜舫济大力提倡英文教育的益处。1894 年,圣约翰设立了科学系,聘请英国人顾斐德任系主任,此后,科学课程逐渐使用英文讲授,包括算数、几何、写作、地理、博物学、生理学和世界通史等。1896 年圣约翰改组,成立国文、医学和神学 3 科,学校明确规定,除国文外,医学、神学全部使用英文讲授。1905 年为在美国立案,圣约翰大学学制由 3 年改为 4 年,各科基本全用英文作为教学语言。为帮助学生提高英语水平,卜舫济致力于建立全英文的校园环境。1890 年圣约翰创办了近代中国大学第一份学生自办的英文刊物——《约翰声》(*The St. John's Echo*)。1898 年,圣约翰设立了第一个学生社团组织——英文文学辩论会,每月活动两次,经常邀请学校教师或校外名人演讲,年终则以金牌奖励演讲竞赛中的优胜者。辩论题目从古到今,学生往往“先撰稿,后背诵,夜以继日,预备功课,无不如是之勤也。其功效之大,可想见矣”。经过这样的磨炼,学生的英文水准大为长进,圣约翰逐步形成重视英文的校风,以所谓“圣约翰英语驰名于上海乃至全国”。[29]

1907 年 2 月 1 日,圣约翰大学举行隆重的毕业典礼,朱友渔、顾子仁、蒋柯亭、江虎臣四人被授予文学士学位,成为首批获得圣约翰大学学位的毕业生。朱友渔后来留美深造,

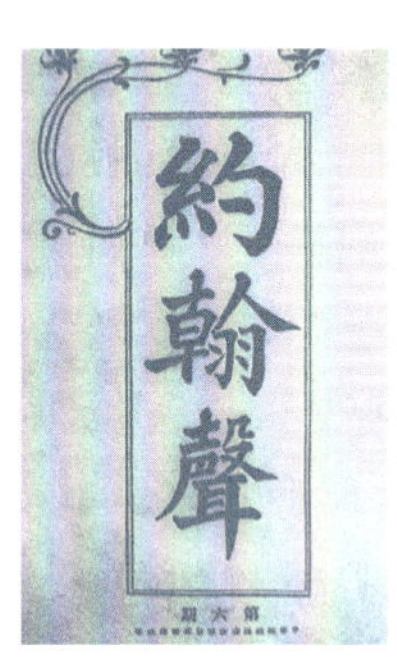

《约翰声》封面

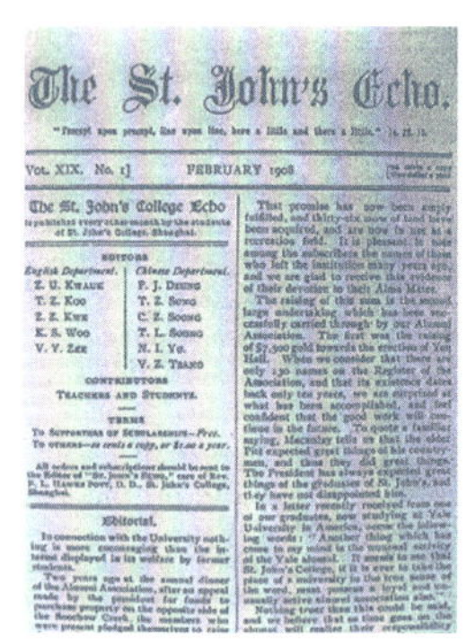

The St. John's Echo.

Vol. XIX. No. 1]　　FEBRUARY 1908

The St. John's College Echo

EDITORS

English Department.	Chinese Department.
Z. U. Kwauk	P. J. Dzung
T. Z. Koo	T. Z. Song
Z. Z. Kwe	C. Z. Soong
K. S. Woo	T. L. Soong
V. Y. Zee	N. I. Ye
	V. Z. Tsang

CONTRIBUTORS

Teachers and Students.

TERMS

Editorial.

《约翰声》内页

获得哥伦比亚大学的博士学位，归国后曾出任圣公会云贵教区主教；顾子仁曾任世界基督教学生同盟会副会长；蒋柯亭曾获得圣路易斯安娜大学理学硕士学位，是银行界知名人士；江虎臣曾留学英国爱丁堡大学医学院。同年 7 月 5 日，周诒春、严鹤龄也获得圣约翰大学文学士学位。前者成为近代著名的教育家，曾出任清华大学校长一职；后者留学美国，获得哥伦比亚大学的博士学位，为民国年间著名的外交家。

在美注册是圣约翰发展史上的一个重要转折点，以此为标志，圣约翰大学进入其建校以来的黄金时期。此后，圣约翰大学受到社会的广泛认可，学生人数逐年增加，毕业生的去向也日趋广泛，遍布于政界、商界、医界、教育界等重要领

1920—1921 年的《约翰声》编辑部成员合影

域。其间，学校规模不断扩大，先后增设了思孟堂、罗氏图书馆、顾斐德体育馆、交谊室等校舍建筑。1909 年至 1911 年间，学校地产向苏州河以西发展，并筹款购得连接校园的吴家宅地。1913 年圣约翰大学开设了大学院，即研究生院。至此，无论是在校园建设、教学设施，或是师资配备方面，圣约翰都享有较高声誉，被称为"江南教会第一学府"。[30]

早期庚款留美生中有多人毕业于上海圣约翰大学，程义藻、程义法兄弟即是其中杰出代表，程义法更是在第一批庚款留美生考试中拔得头筹，众人瞩目。兄弟俩的父亲程平山，曾在上海万源昌珠宝店工作，于 20 世纪 20 年代去世。程义法（1891—1966），字中石，江苏吴县（今属苏州市）人。1909 年，程义法以总分第一名考取庚款第一批留学美国。

1914年毕业于美国科罗拉多矿业学院,获得采矿工程师学位。20世纪30年代起,程义法负责搬迁汉阳钢铁厂到四川重庆,并成为新建的重庆钢铁厂主要负责人之一。抗战期间,曾任国民政府经济部资源委员会钨业管理处处长。抗战胜利后,担任国民政府行政院青岛接收委员会副主任、青岛敌伪产业处理局局长。1949年后参加了中央财经计划局的工作,1952年调到中国矿业学院建筑工程系任教,1956年退休。[31]程义藻(1888—1983),字荷生,江苏吴县(今属苏州市)人。早年读私塾8年,从上海圣约翰中学毕业后,考进圣约翰大学理科班。1909年,程义藻读大学二年级,清政府招募庚款赴美留学生的消息吸引了他,他决定放弃国内大学赴京参考。弟弟程义法也要求一同前往,结果兄弟俩双双榜上有名。1910年秋,程义藻入康奈尔大学机械工程系,1914年毕业,获机械工程师学位。同年回国,先后在汉阳钢铁厂、英商拔柏葛锅炉公司上海办事处、茂生洋行无锡申新三场、上海怡和纱厂等处担任机械工程师及管理工作。曾担任上海工部局工人技术夜校教员和校长、德芙洋行清理处业务主任以及上海市工务局核准的锅炉检验师。新中国成立后,程义藻在中国燃料公司、中国进出口公司、上海市劳动局工作,1961年退休。[32]

1910年,在录取直接赴美的70名学生之外,还备取学生143人,留于清华园工字厅里读书数月。是年底,游美肄业馆更名为“清华学堂”。1911年3月30日,清华学堂开学,在北京待命逾月的468名学生先行到学堂报到。这些学生经过体格检查、考试筛选及甄别考试后，最后录取留美学生63名。1911年8月，这批学生放洋，是为第三批直接赴美庚款生。8月4日，《新闻报》刊载一则简讯，称："北京考取赴美学生共六十三人刻已陆续抵沪，分居各旅馆。定期本月十三日乘花旗轮船公司'波斯'号放洋。闻寰球中国学生会将于十一日午后五时开会欢迎并请伍秩庸侍郎及美总领事维礼德君等莅会演说云。"[33]

根据美国国家档案馆藏入境资料显示，第一批庚款留美学生乘坐的是"中国"号邮轮，该船于1909年10月9日自香港出发，10月12日抵达上海，留美学生登船，途经长崎、神户、横滨和夏威夷的檀香山（10月30日），最后11月6日抵旧金山港，航行25天左右。第二批庚款留美生乘坐的也是"中国"号邮轮，1910年8月13日发自香港，8月16日自上海启航，搭载着第二批留学生，途经长崎、神户、横滨、檀香山，并于1910年9月10日抵达旧金山港。第三批庚款留美学生乘坐"波斯"号邮轮，该船1911年8月7日自香港出发，8月10日自上海起航，搭载第三批留学生，仍然走同样路线，途经长崎、神户、横滨、檀香山，于1911年9月4日抵达旧金山港。[34]

1909年10月13日和10月14日，《字林西报》上刊登的进出港信息显示，10月12日，太平洋邮船公司所属的"中国"号邮船从香港抵达上海港，停靠在吴淞码头，吨位3186，随后它办理了清关手续，并于当日驶离吴淞码头，路线是途经日本抵达美国。[35]因吴淞码头距离上海市中心较远，赴美留学生先在外滩海关码头坐短驳船抵达吴淞口，再登上远洋大轮驶向大洋彼岸。据第二批庚款留美生赵元任回忆："我们于八月十六日启程，搭的船名为'中国'号，一万零二吨，我们须坐小火轮到'中国'号停泊的地点"。[36]

从外滩海关码头乘坐短驳船前往吴淞口或靠近虹口的江中浮筒，再登上邮轮的情况，在20世纪最初20年比较普遍，尤其是乘坐自香港开来的远洋船舶时。有少数邮轮直接靠泊在虹口沿江码头上下旅客。当时的报纸对此多有刊载，如1919年8月9日《时事新报》载："大陆报云，'亚细亚皇后'号八日夜可由香港抵吴淞，搭客于翌晨十时抵新关码头登岸，九日晚间即开往日本各埠及温古华云；又中国轮船公司之'南京'号轮船九日清晨可抵招商局中央码头，载货二千五百吨、美国邮件六百零七袋及头等搭客五十九人来沪，星期一日即行开往香港云，该公司之'中国'号轮船已于七月二十七日抵旧金山。"[37]1919年9月14日《时报》载："中国邮船'中国'号于十一日自香港启碇，今日到吴淞，下船人客与邮船于五时半乘'亚历山大'号小火轮入口，下午四时出口之乘船聚集海关码头上船云。"[38]上载的新关码头和海关码头均在外滩，招商局中央码头位于虹口外虹桥东，又名招商局中栈码头。同日的《时事新报》载："大陆报云太平洋邮船公司之'委内瑞拉'号今晨（十三日）由香港抵沪,夜间即由吴淞启行开往日本各埠檀香山及旧金山。又中国邮船公司之'中国'号十四日晨可由香港抵沪,两轮均满载搭客。"[39]

三批庚款直接留美生共180人,多为16岁至20岁上下的青少年,大都来自各教会学校和省立高等学堂。因为此三批学生经过游美学务处进行的"品学甄别考试"后,直接送往美国留学,所以又被称为"甄别生"。三批甄别生的数量虽然都没有达到原定数额,而且大多是直接考选出洋,没有经过预备学堂学习,但是他们的考选方式及成绩却对以后的留美教育产生了极大的影响。清政府通过严格标准选择三批甄别生,扭转了以往留学界资格泛滥的局面。在筹建游美学务处及考选学生过程中,外务部与学部虽然始终存在分歧,但都能以树人之计为重,及时订立原则、章程及学生考选办法。[40] 在严格的考试选拔与录取标准下,早期庚款留美生中涌现出一批佼佼者,成为那个时代的先行者。

注释

1. 谢长法:《中国留学教育史》,山西教育出版社 2006 年版,第 95 页。
2. 梁碧莹编著:《梁诚与近代中国》,中山大学出版社 2011 年版,第 4 页。
3. 梁碧莹编著:《梁诚与近代中国》,中山大学出版社 2011 年版,第 83 页。
4. 苏云峰:《从清华学堂到清华大学 1911—1929》,生活·读书·新知三联书店 2001 年版,第 2—3 页。
5. 苏云峰:《从清华学堂到清华大学 1911—1929》,生活·读书·新知三联书店 2001 年版,第 5—6 页。
6. 谢长法:《中国留学教育史》,山西教育出版社 2006 年版,第 99 页。
7. 李守郡:《第一批庚款留美学生的选派》,《历史档案》1989 年第 3 期,第 101 页。
8. 李守郡:《第一批庚款留美学生的选派》,《历史档案》1989 年第 3 期,第 102 页。
9. 江琳:《邮传部上海高等实业学堂文凭的解读》,上海市历史博物馆编:《都会遗踪》第 3 辑,学林出版社 2011 年版,第 59 页。
10. 江琳:《邮传部上海高等实业学堂文凭的解读》,上海市历史博物馆编:《都会遗踪》第 3 辑,学林出版社 2011 年版,第 65—66 页。
11. 李喜所、刘集林等:《近代中国的留美教育》,天津古籍出版社 2000 年版,第 78 页。
12. 李喜所、刘集林等:《近代中国的留美教育》,天津古籍出版社 2000 年版,第 80—81 页。
13. 李守郡:《第一批庚款留美学生的选派》,《历史档案》1989 年第 3 期,第 105 页。
14. 王天骏:《文明梦——记第一批庚款留美生》,清华大学出版社 2012 年版,第 19 页。
15. 王天骏:《文明梦——记第一批庚款留美生》,清华大学出版社 2012 年版,第 22 页。
16. 王晋玲:《徐佩璜》,李峰主编:《苏州通史·人物卷(下)》,苏州大学出版社 2019 年版,第 129—130 页。
17. 李峰:《徐佩琨》,李峰主编:《苏州通史·人物卷(下)》,苏州大学出版社 2019 年版,第 176—177 页。
18. 李喜所、刘集林等:《近代中国的留美教育》,天津古籍出版社 2000 年版,第 82 页。
19. 李守郡:《第二批庚款留美学生的选派》,中国第一历史档案馆编:《明清档案与历史研究论文集:庆祝中国第一历史档案馆成立 70 周年》下,中国友谊出版公司 2000 年版,第 1095 页。

注 释

20. 李守郡:《第二批庚款留美学生的选派》,中国第一历史档案馆编:《明清档案与历史研究论文集: 庆祝中国第一历史档案馆成立 70 周年》下,中国友谊出版公司 2000 年版,第 1096 页。
21. 李守郡:《第二批庚款留美学生的选派》,中国第一历史档案馆编:《明清档案与历史研究论文集: 庆祝中国第一历史档案馆成立 70 周年》下,中国友谊出版公司 2000 年版,第 1097 页。
22. 李守郡:《第二批庚款留美学生的选派》,中国第一历史档案馆编:《明清档案与历史研究论文集: 庆祝中国第一历史档案馆成立 70 周年》下,中国友谊出版公司 2000 年版,第 1098 页。
23. 李守郡:《第二批庚款留美学生的选派》,中国第一历史档案馆编:《明清档案与历史研究论文集: 庆祝中国第一历史档案馆成立 70 周年》下,中国友谊出版公司 2000 年版,第 1100 页。
24. 李守郡:《第二批庚款留美学生的选派》,中国第一历史档案馆编:《明清档案与历史研究论文集: 庆祝中国第一历史档案馆成立 70 周年》下,中国友谊出版公司 2000 年版,第 1102 页。
25. 李守郡:《第二批庚款留美学生的选派》,中国第一历史档案馆编:《明清档案与历史研究论文集: 庆祝中国第一历史档案馆成立 70 周年》下,中国友谊出版公司 2000 年版,第 1103 页。
26. 李守郡:《第二批庚款留美学生的选派》,中国第一历史档案馆编:《明清档案与历史研究论文集: 庆祝中国第一历史档案馆成立 70 周年》下,中国友谊出版公司 2000 年版,第 1104 页。
27. 熊月之、周武主编:《圣约翰大学史》,上海人民出版社 2007 年版,第 1 页。
28. 徐以骅主编:《上海圣约翰大学(1879—1952)》,上海人民出版社 2009 年版,第 17—20 页。
29. 徐以骅主编:《上海圣约翰大学(1879—1952)》,上海人民出版社 2009 年版,第 15—16 页。
30. 熊月之、周武主编:《圣约翰大学史》,上海人民出版社 2007 年版,第 28 页。
31. 王天骏:《文明梦——记第一批庚款留美生》,清华大学出版社 2012 年版,第 138 页;

注 释

余少川:《中国机械工业的拓荒者王守竞》,云南大学出版社 2003 年版,第 69 页;邹放鸣主编:《中国矿业大学志(1909—2009)》上卷,中国矿业大学出版社 2009 年版,第 209 页。

32. 王天骏:《文明梦——记第一批庚款留美生》,清华大学出版社 2012 年版,第 145—146 页。
33. 《学生会欢迎赴美留学生》,《新闻报》1911 年 8 月 4 日。
34. 韦季刚:《美国国家档案馆藏前三批庚款留美学生入境美国资料》,清华大学校史馆,https://xsg.tsinghua.edu.cn/info/1003/1203.htm
35. ARRIVALS & CLEARANCES, The North-China Daily News, October 13, 1909; DEPARTURES, The North-China Daily News, October 14, 1909.
36. 赵元任:《赵元任早年自传》,岳麓书社 2017 年版,第 96 页。
37. 《轮船消息汇志》,《时事新报》1919 年 8 月 9 日,第 2 版。
38. 《中国号邮船抵沪》,《时报》1919 年 9 月 14 日,第 5 版。
39. 《太平洋邮船航踪》,《时事新报》1919 年 9 月 14 日,第 2 版。
40. 李喜所、刘集林等:《近代中国的留美教育》,天津古籍出版社 2000 年版,第 82 页。

章

Relinking with the world

Study in the USA

上海邮政博物馆一角（席子　摄）

第三章

扬帆：早期庚款留美生与上海

早期庚款留美学生皆为青年才俊，他们在美国学习后，大多返回中国，为国家服务。其中有不少留美学生与上海息息相关，他们在上海的各类学校接受教育，从上海虹口的码头出发，扬帆启航，带着少年的梦想远赴彼岸，又将从彼岸学到的知识报效祖国。胡敦复、胡明复、胡刚复三兄弟以及胡适、张福良就是其中的杰出代表。

一、留美学生之翘楚：胡氏三杰

20世纪上半叶，中国科学教育界活跃着3位胡姓同胞兄弟，分别是胡敦复、胡明复、胡刚复。受家庭和时代思潮影响，3人抱有强烈的科学与教育救国的共同理想，携手共进，呕心沥血，奋斗一生，创出不凡的业绩。[1] 他们3人都是从上海出发赴美留学，学成后回到上海，为上海的科教事业倾注了大量心力，成就斐然。在官费留学和庚子赔款前两期的留美学生中，胡家亲兄妹4人（包括堂兄弟共有5人）中选，堪称中国近现代留学史上的一段佳话。由于胡氏兄弟在

20世纪上半叶中国科技、教育领域成绩卓著，人们把胡明复和其兄著名数学家胡敦复、其弟物理学家胡刚复称为“三胡”，遐迩闻名。“胡氏三杰”被视为那一代留学生中的杰出代表。[2]

胡敦复（1886—1978），江苏无锡人，出身于教育世家。祖父胡和梅曾任江苏省泗阳县教谕，掌管一县的教育。父亲胡壹修是一位爱国实业家和社会革新家，辛亥革命前后不惜倾产举债，创办新学，振兴实业，围圩垦荒，兴修水利，建设公园和公共图书馆，开一时新风。母薛氏，勤俭持家，悉心抚育子女10人，均好学且成绩优异。胡敦复从小“聪颖逾恒”，年仅两岁就识字数百，又是族中长子长孙，深得家人喜爱。11岁前在家中接受长辈教育，1897年10月入上海南洋公学刚开办的外院（小学）学习，1898年春南洋公学成立中院（中学），他被选入中院学习，三年后毕业，又继续在该校读两年高等预科。此时蔡元培是他的老师，蔡元培同时推荐他到马相伯处学习拉丁文、法文和数学。马相伯对他的学业大加赞赏，说：“从前笑话我们的外国人，也不能不钦佩我们的青年学生的努力，胡敦复就是其中之一。”他在南洋公学高等预科完成学业后，便到广州穗湾中学堂教书，黎照寰就是他那时教过的学生。1905年，胡敦复回到上海，入马相伯创办的复旦公学理科继续深造。1907年，两江总督端方在江南学校考选15名男女学生出国留学，胡敦复、胡彬夏兄妹都通过了考试，宋庆龄也是四名女留学生之一，当年

胡敦复像

胡明复像

胡刚复像

由温秉忠护送,9月3日行抵美国。胡敦复入康奈尔大学主修数学,兼习文理多科。由于他的基础知识扎实雄厚,加之学习刻苦、方法得当,因而学业进度很快,仅两年时间就学完了规定课程的学分,从康奈尔大学毕业。[3]

1909年1月,美国政府开始向我国退还庚子赔款的余额,作为培养留学生的经费;5月,《遣派留美学生办法大纲》中规定:“设游美学务处,专司考选学生、管理肄业馆、遣送学生……”6月,游美学务处在北京成立,选定曾经做过驻美使馆参赞和游美学生监督的外务部左丞左参议周自齐任游美学务处总办。周自齐便邀胡敦复从美回国,具体负责游美学务处考选、遣送留学生的工作。1909年8月开始,游美学务处共派遣了三批学生,其中第二批考生70名就是由胡敦复亲自护送至美国的。由胡敦复经办录取的三批直接留美学生共180名,他们中的许多人以后成为中国现代科学

康奈尔大学图书馆藏胡适档案中 1913 年胡彬夏与友人照片

事业发展的奠基人,成为著名的科学家、教育家。如梅贻琦、竺可桢、姜立夫、胡适、赵元任、秉志、周仁,以及胡敦复的弟弟胡明复、胡刚复等。

当时,鉴于各省新制高等学堂设立不久,完全依靠这些学堂考选直接留美学生,难以满足需要。前三批的选拔也因此未能实现"每年要派一百名学生留美"的计划。为了培养合格的留美学生,游美学务处1910年11月向清政府外务部、学部呈请将游美肄业馆改为清华学堂,从长训练,获得批准。1911年4月29日清华学堂正式开学,胡敦复被任命为清华学堂第一任教务长。

由于游美学务处和清华学堂的工作,按规定必须与美国公使所派人员商榷一切,其中有关清华的经费、校政等重要事项,都直接或间接地受制于美国公使馆,甚至在教学上稍有不合美国人心意之处,公使馆便出面干涉。美国教员与中国教员的生活待遇悬殊也很大,引起中国教员的强烈不满。身为教务长的胡敦复对美国公使馆的粗暴干涉以及清政府给予的不公平待遇十分愤懑。在他的倡导和组织之下,在清华学堂任教的朱香晚、华绾言、顾养吾、吴在渊、顾珊臣、周润初,张季源、平海澜、赵师曾、郁少华等11人,于1911年夏在清华成立立达学社。"立达"二字取之于"己欲立而立人,己欲达而达人,近取诸身、远譬诸人"句。学社以共同研究学术、兴办学校为职志,胡敦复当选为立达学社社长。[4]不久,因胡敦复主张清华学生多读理工科课程,与美籍教员主张多念英文和美国文学、美国史地的意见发生分歧，上诉到外务部，美国公使出面干预，胡敦复以不能遵办愤而辞职。是年秋，胡敦复离开清华回到上海。

胡敦复到达上海后，他的老师、复旦公学校长马相伯立即特聘他为复旦教务长。他不便推辞，便一面筹办大同，一面主持复旦教务。辛亥革命爆发时，复旦公学多数学生参加了革命军，复旦的吴淞校舍为光复军司令部占用，学校一度停办。从1911年12月开始，胡敦复便和马相伯等多方奔走，筹备复学，并申请立案，拨借校舍。1912年5月10日复旦重新开学。是年9月9日《民立报》有一段关于胡敦复的报道："胡君前主持清华学校教务，力主按科分班，以权限不专，未行其志。至今清华学生犹追思之。现主持复旦教务，必能发挥其特色也。"其后，马相伯赴北京出任总统府高等顾问，复旦的实际负责人是胡敦复和庶务长叶藻庭。是年12月，因琐事引发学生对叶不满，继而罢课。为此，复旦校董事会重组校务，胡敦复便借机离开，专心致力于大同的创建工作。胡敦复创办大同，成绩显著，"社会中人无不知大同之敦复先生者"，称"胡敦复为中国第一流教育家"。1925年1月6日，北洋政府教育部任命胡敦复为国立东南大学校长，由于东南大学这次校长更换，源于国内政争，他未到任。是年8月29日，又任命他为国立北京女子大学校长。稍后，北洋工学院院长茅以升又聘他到北洋兼职。为办学，他奔波于南北几所学校之间，后因交通时有中断，往返不便,即辞去了北方职务。1930年秋,上海交通大学成立科学学院,扩充了数学系,他早年的学生黎照寰此时任交通大学校长,聘请胡敦复到该校任数学系系主任,他担任这一职务直到1945年,长达15年之久。[5]

与此同时,胡敦复还有许多社会兼职。1918年,中国科学社等科学团体发起成立科学名词审查会,他作为特请专家参加数学名词的起草工作;1932年国立编译馆成立后,国民政府教育部聘请他为数学名词审查委员会委员;1935年9月,他主持了数学名词的最后审定工作。此外,1922年,中国科学社修改社章,将原董事会改为理事会,另设一董事会主持该社的政策方针并进行募集与保管基金工作,胡敦复当选为董事,和蔡元培、范源濂共同任董事会的基金监察员。1925年4月,中法教育基金委员会成立,他是中国方面的7位委员之一。1935年7月,中国数学会成立,胡敦复当选为中国数学会董事会主席。1941年,国民政府教育部设立部聘教授,第一批在24个学科中推选30人,胡敦复当选为数学学科仅有的两位部聘教授之一。

胡敦复在多个领域均成就卓著,但最为人称道的还是他执掌上海大同大学取得的成就。1911年10月,辛亥革命成功后,"立达社"在上海酝酿创办一所独立自主的学校,定名为"大同"。立达社成员公推胡敦复为校长,学校于1912年3月正式开学。大同大学从1912年创办至1952年因院系调整被撤销,走过了40年历程,胡敦复为之奋斗了37年,曾两次出任校长,长达20年,将大同大学办成了一所中国著名而有特色的私立大学。[6]

胡敦复担任大同大学的校长,同时兼教外国文学、英文、数学、心理学、伦理学,还教哲学、拉丁文、声韵学。顾珊臣既教数学,亦教物理学。甚至有些教师将在别的单位兼职所得之薪金提取一部分资助大同。大同初创阶段,胡敦复捐款超过万元,吴在渊捐款5500余元。吴在渊在此工作二十余年,"生活困顿,穷巷陋室、家徒四壁,木箱当桌。食盐代菜,却日则教书,夜则译著。乐此不疲,有重金聘他,亦婉言谢绝"。他们凭着满腔热情,白手起家,胼手胝足,筚路蓝缕,终于创办起名闻遐迩的大同大学。

大同人"自立立人,自达达人"的崇高精神,不只表现在初创阶段,而且贯串始终,成为大同光彩夺目的人文传统。1937年,学校因为要为新开办的工学院投入大笔资金,无力负担所有员工的足额薪酬,全体教员就在原薪的基础上减扣一定的数额,以补贴学校的开支。校长曹惠群将这年8月份以后应得薪酬全部捐出,平海澜、关实之、郑涵清、胡范若等教员都减薪60—70元。[7]依靠这样励精图治的精神,大同在其四十年的办学历史中,一直是上海乃至全国私立大学中的翘楚,素有"北有南开,南有大同"之说。大同首期招收学生91人,到1928年,已经成为中国第一流私立大学。大学科有文学院、理学院与商学院,下设九系。普通科有高中、初中两部。全校占地90亩,有学生800余人。1937年增设工学院，下设电机、土木、化工三系，1948年添设机械工程系。至1948年，大同教学设备一应俱全，拥有中国最早的物理实验室，大学部学生已逾2700人，中学部学生逾2500人，为沪上私立大学榜首。[8]胡刚复是立达学社和大同大学的创始人与大家长，是大同大学治理的决策者，并承担与政府"沟通"的职责。同时，胡敦复作为教育界元老辈人物，与国民党高层保持密切的互动，确保学校的稳定。[9]1949年，胡敦复已年过花甲，他在台湾工作的儿子邀他去台湾休养，后又接受美国华盛顿州立大学之聘，赴美国西雅图出任客座教授，1962年在该校退休。1978年在西雅图逝世。

与兄长胡敦复一样，他的二弟胡明复也对数学和物理颇感兴趣。胡明复（1891—1927），名达，又名达生，字明复，因降生时家住当地孔庙大成殿后，故胡明复初名孔孙，后改名为达，字明复。胡氏兄弟姐妹九人，多有成就。他排行第三。幼年在家塾读书，由其叔亲自教诲。1901年，胡明复与胞弟胡刚复一同考入上海徐家汇南洋公学附属小学，第二年升入南洋公学中学。南洋公学总理（校长）张元济对胡家兄弟十分欣赏，称他们为奇童。两人功课虽好，但时常打架闹事，最后竟双双被学校打发回家。一家人都疼爱记忆力强、机敏过人的弟弟刚复，经多方协调仍让他继续读书，但却让明复辍学经商，以示惩戒。于是，12岁的胡明复被送到宜兴一家洋货铺当小伙计。这对于一个生长在仕儒之家的孩子来说，是一个沉重的打击。他默默发奋，在工余时间认

第 三

胡明复像

真看书,店中同事都称这位小伙计为“洋先生”。

渐渐地,胡明复越来越向往能一心一意读书的学生生活,入店当了一年半伙计后,再也不肯进店了,再三恳求父亲、祖父让他上学读书,母亲也帮助求情。祖父、父亲送他入上海商业中学读书。胡明复十分珍惜来之不易的读书机会,很快以优异成绩毕业。随后考入南京高等商业学堂,在校三年,成绩名列前茅。但他并不满足于此,因为他在家里依然被认为是“最差”的学生。1907年,哥哥胡敦复和姐姐胡彬夏考取了江苏省官费留美生;1909年,一家人都鼓励正在上海震旦大学物理系念书的四弟胡刚复参加第一届庚子赔款留美生考试。胡明复暗暗下定决心,也要参加留学生选拔考试,但这对他来说谈何容易!就拿数学来说,商业院校以财务、会计等商业实用数学为主,而清华的留美考试则以代数、几何、三角等纯理论内容为主。他迎难而上,一边学习高等商业课程,一边买来普通中学和高等学堂的课本自学。由于过度用功,考完后他已变得骨瘦如柴。功夫不负有心人,胡明复终于与堂兄胡宪生等一同考取了庚子赔款第二届留美生。[10]

庚子赔款第二届留美生共70人,同时乘船赴美。胡适曾回忆起第一次航行时情景:“那年我们同时放洋的共有七十一人(注:此处胡适回忆有误,应为70人),此外还有胡敦复先生,唐孟伦先生,严约冲先生。船上十多天,大家都熟了。但是那时已可看出许多人的性情嗜好。我是一个爱玩的人,也吸纸烟,也爱喝柠檬水,也爱学打‘五百’及‘高低,杰克’等等纸牌。在吸烟室里,我认得了宪生,常同他打‘Shuffle Board’;我又常同严约冲、张彭春、王鸿卓打纸牌。明复从不同我们玩。他和赵元任、周仁总是同胡敦复在一块谈天;我们偶然听见他们谈话,知道他们谈的是算学问题,我或是听不懂,或是没有趣味,只好走开,心里都恭敬这一小群的学者。”[11]

1910年秋,胡明复赴美留学,进入著名的康奈尔大学。他此时虽不满20岁,但已经历了生活的诸多磨砺,十分珍惜难得的学习机会,刻苦攻读。他与赵元任为同学,两人对数学、物理、哲学都感兴趣,时常切磋学业,相互激励。在康奈尔大学四年中,他们两人的成绩总是名列前茅,在全校也是最好的。1912年,胡适从康奈尔大学农学院转学,与胡明复、赵元任同班学习,大家对这三个同坐一排的中国学生十分羡慕,因为他们的成绩都很好。1913年,他们三人同时被推举为负有盛名的美国大学生联谊会会员。1914 年毕业前夕,胡明复、赵元任又被推举为美国荣誉科学会会员。

1914 年夏,胡明复以优异成绩毕业于康奈尔大学,获得文理学士学位。毕业前后,他与一批中国留美学生筹备创办了科学社和《科学》杂志,立志为振兴中国的科学事业尽力,并历任董事、理事、会计等职。1914 年秋天,他进入哈佛大学研究院专攻数学,对数学分析尤其是微分和积分方程很感兴趣。师从当时著名的美国数学家、曾任美国数学会主席的 M. 博歇教授和 W.F. 奥斯古德教授,在他们的指导下从事积分方程论研究。[12] 1917 年,胡明复以论文《具有边界条件的线性积分——微分方程》获得博士学位,成为哈佛大学第一个获得博士学位的中国留学生,也是中国数学界的第一位博士学位获得者。这篇博士论文一年后发表于美国顶尖数学期刊 *Transaction of the American Mathematical Society*,是中国学者最早发表的现代数学研究论文。[13]

1917 年底,胡明复回到上海,任教于大同大学,担任数学教授。他还历任国立东南大学、南洋大学、上海商科大学教授,并负责管理大同大学。回国后不久,胡明复在无锡与薛毅结婚,生有二子一女。1927 年 6 月 12 日,为奔婶母之丧,胡明复专程从上海赶赴无锡老家。是日傍晚 6 时许,因天气炎热在乡间溪中游泳,不幸溺水身亡,时年仅 36 岁。

他的好友任鸿隽曾说:"1917 年明复回到上海了,事实上,从 1917 年直到现在,这十年之中他不曾离开上海一步,

1912 年的康奈尔大学校门口

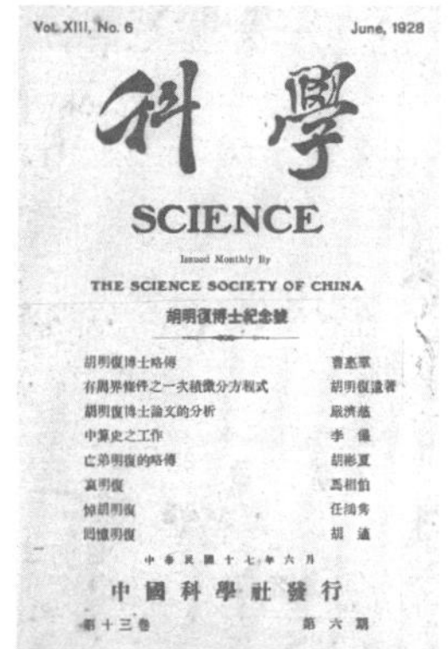

Vol. XIII, No. 6 June, 1928

科學

SCIENCE

Issued Monthly By

THE SCIENCE SOCIETY OF CHINA

胡明復博士紀念號

胡明復博士略傳	曹惠羣
有周界條件之一次積微分方程式	胡明復遺著
胡明復博士論文的分析	嚴濟慈
中算史之工作	李儼
亡弟明復的略傳	胡彬夏
哀明復	馬相伯
悼胡明復	任鴻隽
回憶明復	胡適

中華民國十七年六月

中國科學社發行

第十三卷 第六期

《科学》杂志 1928 年第 13 卷第 6 期

照他的学问和名望，他很可以到旁的大学去任一些重要的职务，我晓得北京大学就再三的邀请过他。但是他的责任心，使他不愿意离开上海。我所说的责任心有两件：一是对于科学社的责任，一是对于大同学院的责任。我们晓得科学社自从明复等回到中国之后，就由美国搬到中国，当时一切都没有生根下蒂，这经营缔造的困难，是可想而知的。举一件最显著的例，《科学》杂志印稿的校阅，从明复回国一直到现在，都是他一个人担任。这样十年如一日的苦工，请问有几个人能够做到。关于他的大同学院的工作，我可不大清楚，但是除了他尽瘁大同学院的事实以外，我还有相当的理由，可以信他对于大同的责任心特别的重。我们在美国的时候，除了组织科学社之外，还有一些人，立志将来回国要办一个理想的大学。我们成立了一个团体，也定了几条简单的计划，明复当然是这个团体中的一分子。我还记得明复为了办学的事，写了一封几十页的英文长信给赵元任。……这样，一个科学社，一个大同学院，竟把明复钉住在上海整整的十年。上海教书的生活，我们是知道的，不但没有给教书者一个增长学问的机会，恐怕连对于学问的兴趣，也要渐渐的被这教书的苦工消灭净尽。然而我对于旁的朋友，虽曾劝过他们离开上海，另外觅一个可以兼做学问的地方去教书，对于明复，却始终不曾提及这个话；因为一则我知道他为了科学社和大同大学不愿离开上海，一则他正年富力强，将来慢慢想，还不为晚。谁知他近来竟以一个意外的游戏死了！”[14]

胡明复的二姐胡彬夏纪念这个弟弟时也说道："他自一九一七年从美国回来以后，至去夏在锡遇难之时，约有十年的光阴，都耗费于教育后生。他是沪上一个有名的数理教授，几句说话能把一个难题立刻解说明白。他对于功课极为认真，非万不得已不请假，不迟到。……他所教的学校，除大同外，先后有南洋中学，南洋大学及东南大学商科，最后数年以南洋大学为主体。"[15]

胡明复遇难，在社会上引起强烈反响，科学界、教育界、数学界都为之同哀。中国科学社、大同大学采取多种形式悼念他，分别为他出版纪念专刊。1927 年 7 月 9 日，国民政府专门为胡明复发出褒奖令，主要内容如下："该故博士胡明复，尽瘁科学，志行卓绝，提倡教育，十年不倦，兹以泅水遇难，长才遽逝，悼惜良深，着大学院长于该校成立时，即将该故博士生平事绩，勒碑礼堂，永留纪念。"[16]其生前贡献最多的《科学》杂志也于 1928 年 6 月出版了《胡明复博士纪念号》，曹慧群、严济慈、李俨、胡彬夏、马相伯、任鸿隽、胡适等亲友纷纷撰文，怀念故友。

1928 年 2 月，中国科学社理事会议决定，将向国民政府请款建造的上海科学图书馆更名为中国科学社明复图书馆，以纪念英年早逝的胡明复。图书馆建成后，除生物学书刊留在南京建成的生物研究所图书馆外，其他书刊搬迁到上海。1929 年 11 月 2 日，明复图书馆在亚尔培路 309 号（今陕西南路）举行奠基礼。翌年 10 月，图书馆建成，总办事处

1931 年开幕的明复图书馆

及编辑部全部移入新屋。明复图书馆建成后，不仅成为读者们借阅读书、传播科学文化之地，更成为上海学术活动的重要空间。明复图书馆 1956 年捐献给上海市政府，改组为上海科学技术图书馆，1958 年春并入上海图书馆。后改名卢湾图书馆，现为黄浦区明复图书馆。[17]

与两位兄长一样，胡刚复（1892—1966）从小也是天赋异禀。青少年时期曾先后就读于上海南洋公学和上海震旦公学。1909 年，清政府举行第一届庚款公费留学生考试，胡刚复首战告捷。这次考试共录取 47 人，胡刚复位于榜上第 13 名并被录取。胡刚复到了美国之后，先上了一年大学预科，后转入哈佛大学本科学习。前两年还没有确定专业方向，他选了许多数学和化学课程，以加强自己在数理方面的训练。到了第三年才正式进入哈佛大学物理系专攻他最感兴趣的，且认为最富于思维训练的物理学。1913 年取得理学学士学位后，入哈佛研究院，1918 年初夏获博士学位。在哈佛研究院期间，胡刚复的指导教师是著名的 X 射线学家和放射学家 W. 杜安教授。从 1914 年到 1918 年，胡刚复与杜安教授合作并在其指导下研究了 X 射线 K 线系及其和化学元素的原子序数的关系，他的博士论文题为《X 射线的研究》。胡刚复在 20 世纪 20 年代之前在 X 射线领域中做出了广泛而重要的工作，他是中国学者中第一个从事 X 射线研究的科学家，为我国物理学史增添了光辉的一页。[18]

1918 年夏，胡刚复告别了学习生活了八年之久的美国，他后来曾对自己的回国选择做出解释："1918 年夏我的研究工作暂告完成。我之所以说是暂告完成，是指科学没有止境。当时正值欧战方酣，我深感循实业科研路线报效祖国之责任。而我师杜安教授也希望我留校帮助他从事物理实验工作。但我终于决定离开我愉快逗留过八年多的美国回到自己的祖国担任教师一职了。我国十分贫困，物资缺乏，生产落后，急需振兴实业。由于经费和物资短缺，致使教育事业也难以有效推动。我未曾学过工程，对此一无所知，如今不免后悔。今后我的一生将面临艰苦的斗争了。"[19]

胡刚复回国后，先在南京高等师范学堂任物理学教授，1925 年任东南大学物理系主任，1926—1927 年任厦门大学物理学教授。1928 年至 1931 年协助创建中央研究院物理研究所，任专职研究员，稍晚又协助创建北平研究院，兼任该院镭学研究所特邀研究员。1931 年至 1936 年任上海交通大学教授。1918—1950 年间，长期兼任上海大同大学教授及理学院、工学院院长、校长，为了扶持学校，不领兼职工资。他在大同大学所创建的近代物理实验室，因受到南通实业家张謇父子的捐助，其设备之先进与丰富，在国内私立大学中绝无仅有。[20]

胡刚复居沪期间，他的家经常成为科学家叙会商事的场所，其中二哥胡明复和好友杨铨更是常客。1936 年至 1949 年他先后任浙江大学文理学院及理学院院长、教授。抗战胜利后，胡刚复率领一批中国青年学者前往英国学习微波雷达新技术。新中国成立后，他先后任教于天津大学和南开大学。1966 年 3 月，因阑尾炎开刀，在病房中交叉感染，导致病情迅速恶化，于 3 月 26 日逝世。[21]

二、胡适与上海

胡适（1891—1962），中国近现代史上最负盛名的学者之一，新文化运动的领袖之一，他在哲学、文学、史学等领域均取得了相当成就。胡适还是一位终身服膺于自由主义的思想家，他在自己所处的时代具有深刻的影响力，被视为民国时期的学者典范。

胡适出生在江苏省松江府川沙县（今属上海市浦东新区），幼时随母返回安徽绩溪老家，14 岁时来到上海，进入新式学堂,接受了新式教育。胡适曾自述:“我在上海住了六年(1904—1910),换了四个学校(梅溪学堂,澄衷学堂,中国公学,中国新公学),这是我一生的第二个段落。”[22] 胡适在上海度过了他的少年时光,他在这里从一名稚嫩的乡下孩童转变为具有新知识新思想的新式少年,并通过庚款留美考试,最终走出上海,走向世界。

1904年春,胡适随他的三哥来到上海。胡适的二哥三哥都在其父好友张焕纶创办的梅溪学堂读过书,因此胡适也先入梅溪学堂。一年后,胡适离开梅溪学堂进入澄衷学堂,开启了他在上海求学的一段重要时光。胡适自述:“我在澄衷只住了一年半,但英文和算学的基础是在这里打下的。澄衷的好处在于管理的严肃,考试的认真。还有一桩好处,就是学校办事人真能注意到每个学生的功课和品行。……天资高的学生,可以越级升两班;中等的可以半年升一班;下等的不升班,不升班就等于降半年了。这种编制和管理,是很可以供现在办中学的人参考的。”[23]

清末变法之初,当局为求速效,大开国禁,派遣了大批学生赴日学习。至1905年,留日学生竟达万余人。就在这一年冬,日本文部省颁布了取缔中国留学生规则,严定学生入学资格。这种公开侮辱中国的行为,引起了在日学生的极大愤慨。同盟会书记陈天华投海自杀,敲响了“警世钟”,一时群情沸扬,许多人纷纷回国,并力争自己办学。于是1906年在上海诞生了“中国公学”,这是一所经十三省代表决议,

胡适像

由社会各方捐款赞助的学校。由于反日风潮渐息,官费学生陆续赴日复学。未走者,清廷疑心他们是革命党,所以公学开门不到一个半月,就因经济拮据而陷入困境。公学干事姚弘业激于义愤,步陈天华之后,投江自杀,并留下千字遗书,说"我之死,为中国公学也"。霎时,社会震惊,舆论大哗,社会各界为表敬意,纷纷赞助中国公学。胡适也正是读了姚烈士这感人肺腑的遗书(报上公开发表),于这年夏天投考公学的。[24]

1906年暑假,胡适考入中国公学就读,两年后,中国公学爆发学潮,大多数学生退学,另组织了一所中国新公学。新公学在极端困难的情况下苦撑了一年多后,双方都做出让步,握手言和,新公学搬到吴淞中国公学新校舍。胡适不愿回老公学继续读书,因为此时他的家境已到破败不堪的地步,大家庭分崩离析,母亲也病倒了。胡适急需谋求新路以自立自强。1910年,正值第二次庚款留美生考试在即,胡适的师友纷纷鼓励他报考。5月,胡适随二哥入京,得二哥好友杨景苏的指教,闭门一月攻读《十三经注疏》。7月考试,留美考试分两场,第一场考国文和英文,及格者才能参加第二场各门学科的考试。国文考作文,题目为《不以规矩不能成方圆说》,胡适自述:"我想这个题目不容易发挥,又因我平日喜欢看杂书,就做了一篇乱谈考据的短文,开卷就说:矩之作也,不可考矣规之作也,其在周之末世乎?下文我说《周髀算经》作圆之法足证其时尚不知道用规作圆;又孔子说'不逾矩',而不并举规矩,至墨子、孟子始以规矩并用,足证规之晚出。这完全是一时异想天开的考据,不料那时看卷子的先生也有考据癖,大赏识这篇短文,批了一百分。英文考了六十分,头场平均八十分,取了第十名。第二场考的各种科学,如西洋史,如动物学,如物理学,都是我临时抱佛脚预备起来的,所以考得很不得意。幸亏头场的分数占了大便宜,所以第二场我还考了个第五十五名。取送出洋的共七十名,我很挨近榜尾了。"[25] 胡适金榜题名,人生旅途出现重大转折,并由此开始新的跋涉。

多年后,胡适曾追忆当时看榜的心路历程:

> 宣统二年(一九一〇)七月,我到北京考留美官费。那一天,有人来说,发榜了。我坐了人力车去看榜,到史家胡同时,天已黑了。我拿了车上的灯从榜尾倒看上去(因为我自信我考得很不好),看完了一张榜,没有我的名字,我很失望。看过头上,才知道那一张是"备取"的榜。我再拿灯照读那"正取"的榜,仍是倒读上去,看到

> 我的名字了！仔细一看，却是“胡达”，不是“胡适”。我再看上去，相隔很近，便是我的姓名了。我抽了一口气，放下灯，仍坐原车回去了，心里却想着，“那个胡达不知是谁，几乎害我空高兴一场！”那个胡达便是胡明复。后来我和他和宪生都到康南耳（奈尔）大学，中国同学见了我们的姓名，总以为胡达、胡适是兄弟，却不知道宪生和他是堂兄弟，我和他却全无亲属的关系。[26]

凭借少年时代打下的国文基础，以及在“开风气之先”的上海新学堂进行的英文训练，胡适击败全国各地的许多学子，一举步入庚款留学生这一真正全国性的少数精英群体。[27]

关于胡适这一批庚款生赴美的旅程，徐然、张履鳌撰写了《1910年庚款生》一文，发表在是年11月份的《中国留美学生月报》上。北京放榜之后，录取的70名幸运儿即刻前往上海，准备于8月16日从上海启航出发。他们先坐火车从北京到天津，再乘船前往上海：

> 很快地，上海就出现在眼前了。船才靠岸，这七十名乘客的亲友，就兴奋地挤向他们。码头上的卫兵很难维持秩序。……亲友冲将过后，下一波，就是挑夫、车夫、裁缝和和剃头匠。他们让我们觉得我们就像是凯旋的大兵一样。我们的门房很快地受不了了，因为他们须

> 要替我们收受各种宴席、茶会等等的邀约，忙得他们团团转。时光是不等人的。很快地八月十六日就到了。不管情愿与否，我们都坐上了小轮船，去接驳那海上之宫。虽然这七十名里，一个逃兵也没有，我们知道他们的心是沉重的。然而，他们各个看起来都欣喜莫名——各个都对着岸上的亲友高呼、摇曳着他们的手帕。[28]

8月22日，胡适等留美学生乘坐的邮轮行驶到日本横滨后，停留了两晚，于8月24日离开横滨直驶夏威夷。此时，胡适对日本的印象不佳："过日本时，如长崎、神户、横滨皆登岸一游。但规模之狭，地方之龌龊，乃至不如上海、天津远甚。居民多赤身裸体如野蛮人，所居属矮可打顶、广仅容膝，无几、无榻，作书写字，即伏地为之，此种岛夷，居然能骎骎称雄于世界，岂非吾人之大耻哉！"[29]胡适所搭乘的"中国"号邮轮，在驶向夏威夷的一个星期的航程里，除了丰盛的餐饮外，还为旅客提供了各种游戏和娱乐活动，有扑克牌、麻将、推圆板、掷圆环等。胡适承认自己是个爱玩的人，他喜欢和同船的同学打纸牌，也热爱辩论。

著名语言学家赵元任（1892—1982）也是第二批庚款留美生，考试成绩极佳，在所有考生中高居榜眼。他曾在自传中描述过出国前的经历："我们必须换穿西装，最重要一点是剪掉发辫。……我们每人获得旅行津贴，做全套西装和购置旅行装备，包括一个衣箱和一个大皮箱。在我们快启程前，美国总领事举行园游会，请我们全班，他看我们改换衣着，说道：'你们全换西装，希望你们仍为中国人。'……我们于八月十六日启程，搭的船名为'中国'号，一万零二百吨，我们须坐小火轮到'中国'号停泊的地点。我在三号舱，和陆元昌、路敏行同舱；对面的舱由周仁和王预住。吃饭以敲锣为号，由于餐厅面积有限，必须分两次吃，先是中国旅客，第二批是西方人。我们发觉念菜单和学外国吃法颇不容易，对我们来说，无异是上了一课。那天在海上航行时间不多，所以我们都兴高采烈离开中国驶向美洲。"[30]

20世纪初中国留美学生自成一个特殊的阶级。他们固然自以为是天之骄子，人们也视其为天之骄子。他们在上海出航以前，就有各界的欢送会。路过夏威夷的时候，有夏威夷中国学生联合会、基督教青年会、基督教女青年会的接待，抵达美国的旧金山或者西雅图，也一定会有更大规模的欢迎接待活动。1911年的欢迎会，还包括了一项新鲜的活动，就是由旧金山的商人招待留学生坐汽车游览旧金山市区及金门大桥。1919年的汽车游览活动，气派更大，总共动用了五十部汽车。[31]

胡适他们这一批留美生当然也不例外，沿途皆受到欢迎接待。"中国"号还没到夏威夷，邮轮上的庚款留美生就收到了夏威夷中国学生联合会的欢迎电报。"中国"号刚刚停泊在檀香山港，夏威夷中国学生联合会的代表就带着庚款生参观州长官邸、中国领事馆、博物馆、水族馆以及有名的

1919年赵元任(左3)在加州大学与友人合影

卡外阿好修道院。徐然与张履鳌在《1910年庚款生》赴美记里,描写他们是如何依依不舍地离开檀香山,以及他们抵达旧金山所受到的欢迎:

> 没心肝的"中国"号邮轮的笛声,把我们叫离了夏威夷的大都会。我们只好在我们飘摇着的海上堡垒里,和蓝天和大海又作伴了一个星期。唯一能够消解旅途的单调的,只有做梦、玩游戏、读点消遣的东西。一直要到九月十日抵达美丽的旧金山,我们的旅途方才告终。一下船,各界代表就给了我们一个盛大的欢迎会。他们为我们安排了一个非常丰富的节目。我们在旧金山的

第　　三

胡适在康奈尔大学留学时的档案

三天，就跟在故乡过年一样，令人难以忘怀。[32]

1910年10月11日，胡适在写给族叔胡近仁的家书中说道："七月十二日（公历8月6日）去国，八月七日（公历9月10日）抵美国境，中秋日抵绮色佳城，计日三十三昼夜，计程三万余里。适当地球之半。"[33] 胡适在康奈大学农业院学习了一段时间后，决定弃农转文，转到文学院主修哲学，1914年获学士学位，1915年9月，考入哥伦比亚大学，师从著名哲学家杜威，攻读博士学位。

在美留学7年之后，1917年7月10日，胡适回到上海。在沪停留期间，他目睹出版界的孤陋及教育界的沉寂，遂打定主意20年不谈政治，致力于"在思想文艺上替中国政治建筑一个革新的基础"。9月胡适到北京，任北京大学教授。1926年3月，胡适来到上海出席中英庚款顾问委员会会议，7月赴英国出席中英庚款全体委员会会议，岁末离英乘船赴美国。

1927年4月中旬，胡适自美国启程回国，此时国内政局已发生巨变，在日本停留观望20多天后，胡适回到上海。在上海期间，胡适与徐志摩、梁实秋、叶公超、闻一多等友人筹备开办"新月书店"及《新月》月刊。8月，胡适应聘为上海光华大学教授。翌年，兼任东吴大学哲学讲座教授。后接任中国公学校长兼文理学院院长，于6月辞去光华及东吴两校的教职。3月，《新月》月刊创刊，胡适作为实际的领衔人，

1913年康奈尔大学中国留学生俱乐部合影

除了发表关于政治的言论之外，还发表了大量的学术论文，“新月派”成为中国现代文学史上一个较为重要的文学团体。1938年8月至1942年8月，胡适出任中国驻美大使。1946年9月，回国任北京大学校长。1949年4月，胡适从上海乘船赴美。1958年4月，由美返台就任“中央研究院”院长。1962年2月，突发心脏病去世。[34]

20世纪二三十年代，胡适在上海度过了三年多时光。在其创办的《新月》上，胡适及其同人发起了关于“人权问题”的讨论。他们呼吁以“法治”取代“党治”，保障人权，并且公开声明要建立“批评国民党的自由和批评孙中山的自由”。胡适也因此触怒了“党国”当局，《新月》被没收焚毁，刚出版的《人权论集》遭查禁，各种报纸又纷纷登载要惩办胡适、通缉胡适的议案和消息，最后迫使胡适不得不辞去中国公学校长职务，离开上海，重回北京大学。此外，胡适还先后多次来上海参加各种会议，结交许多在上海的朋友，做过不少学术讲演。他的许多学术著作，也大多在上海的商务印书馆和亚东图书馆出版发行。胡适的第一本著作《中国古代哲学史》上卷，由商务印行后，使他在学术文化领域站稳了脚跟，并开创了研究中国哲学史的新局面。而他1949年出走美国之前出版的最后一本著作《齐白石年谱》（与黎锦熙、邓广铭合编），也是由商务印行的。[35]

三、张福良的故事：从上海启程

张福良（1889—1984），祖籍江苏无锡，出生于上海。第一批庚款赴美留学生。因其1949年后离开了中国大陆，所以他的故事鲜为人知，但在中国基督教史的研究中，张福良被视为“平民教育家”。[36]

早年，张福良的父亲在上海经商并获得了成功。因为家境富裕，张福良的哥哥得以就读于上海圣约翰大学。1903年，张福良也进入圣约翰中学，中学毕业后升入圣约翰大学。在圣约翰，张福良接触到了西方文化，这为他打开了世界的一扇窗。1909年夏末，张福良和五名同学完成了在圣约翰大学第二年的学业，前往北京参加第一次庚子赔款考试。在张福良眼里，北京城“宽阔的林荫大道上有轿子和驴车悠闲地行驶，与上海狭窄光秃秃的街道上挤满了马车、黄包车和独轮车形成了强烈的对比”。[37] 由于圣约翰的教学既重视西学又重视中学，所有六名学生全部通过考试，成为第一批庚子赔款留学生。张福良在其自传中对此有过生动回忆：“几位古文很好但几乎不懂英文的学究，就像几位精通英语但对古文知之甚少的教会大学毕业生一样，都失败了。最终成功的学生是从那些古文及西方学科皆得分最高的考生中挑选出来的，这个选拔过程还是比较明智的。”[38]

高中榜单后，张福良和同学相互剪了辫子，到一家日本理发店去修头发。张福良不仅告别了他“一生的跟班”，即那一

张福良与留美同学合影。后排左起为唐悦良、程义藻、程义法，前排左起为邝煦堃、谢兆基、张福良

张福良自传

直拖到膝盖下方的长辫，还把他的学生制服——一件又长又软的蓝色丝袍和柔软的棉鞋，换成了西装、彩色领带和一双又重又硬的皮鞋。等他回到家，妈妈和姐姐都认不出他了。[39]

1909 年 10 月 12 日下午，第一批 47 名庚子赔款留美学生在上海的海关码头集合，前往吴淞口，登上了一艘名为“中国”号的蒸汽船。在航行过程中，张福良接触到了西餐和西式礼仪。“又冷又生的牛奶和冰水把我的胃都冻住了。我的牙齿也开始打战，黄油和奶酪有种奶牛身上的气味，令人作呕。把柠檬放进茶里使之变酸，再加些糖使之变甜，看起来真让人搞不懂。”张福良又叫了一道新的菜，威尔士干酪土司，一种把奶酪、啤酒和伍斯特郡酱混合在一起浇到苏打饼干上的食物，由此张福良总结出了他的一条金科玉律：不要相信任何事物，除非你知道它是什么。张福良此前从未用过刀叉，他仔细地观察别人如何使用，却又笃信“对一个真正的中国人来说，用其他任何方式吃到的食物都没有用筷子吃味道好”。游美学务处会办唐国安，1873 年作为第二批留美幼童中的一员奔赴美国，1881 年仍在耶鲁大学就读时被清政府召回。这次，他在船上兴致勃勃地说起了他在美国期间的经历，并谈起他在耶鲁的大学生活，他对留美学生说：“你们这些孩子到美国学习时就知道了，你们要积极投入美国的校园生活。”唐国安还给船上的外国客人进行了一场题为“美国教育”的即席演说。[40]

1909 年 11 月 6 日，轮船抵达旧金山港口，海关检查正等待着他们。张福良和他的同学们是持学生身份进入美国的，这是1882年的排华法案中提到的特殊身份。一名海关检察员似乎怀疑张福良走私昂贵的钻石或数量巨大的鸦片，他用放大镜和探测灯将其行李的每个小角落都仔仔细细地检查了好几遍。最后海关人员终于说了句没问题，张福良才得以将一堆乱七八糟的物品重新装包。中国的留美学生去旅店的路上引起了一阵骚动，美国人用异样的眼光迎接他们，说："你好，日本人！"小孩子们则跟在他们身后，就像是在参加马戏团游行。[41]

张福良先在马萨诸塞州格罗顿镇的劳伦斯学院学习了一年，以适应美国的生活与学业。1910年秋，他转入耶鲁大学谢菲尔德学院，之后进入耶鲁林学院学习。1915年，张福良与长老会中国牧师许芹的女儿路易丝结婚。不久之后，张福良携妻子回国，在湖南的雅礼学院任教。1921年到1926年，他担任雅礼学院初中部的教务主任。1926年，张福良回到美国，在佐治亚大学攻读农艺学硕士，并被任命为中华全国基督教协进会的农村部主任秘书，他还为上海的传教士刊物《教务杂志》撰写了不少文章。1934年，中华全国基督教协进会在国联的帮助下，派遣工作人员帮助当地政府重建江西省的南部山区。1938年底，当南昌被日本侵略者占领后，张福良把福利会的办公地点迁往赣州山区，建立起救济站，帮助了1600名难民及其家属。1945年2月，日本军队占领了江西省全境，张福良与其他美国传教士搭乘最后一架美国飞机撤离了赣州。1949 年新中国成立后,张福良先到香港,第二年春天,坐船前往旧金山。此后,张福良先在耶鲁大学神学院进行研究,后在肯塔基州伯里亚学院教授社会学。1959 年,已经 70 岁的张福良从学校退休。当张福良回忆起他在耶鲁的生活以及他准备献身中国农林事业的计划时,他写道:“35 年前,我实在是太无知了!”回顾一生中经历的动荡和战争时,他说:“我很幸运,平平安安地过来了,我们不过是两次失去了世俗的财产。但我有种难以言表的感觉,那就是冥冥之中有双手在指引我们的命运。”1984 年 4 月 7 日,张福良在纽约辞世,享年 95 岁。[42]

注释

1. 《胡敦复、胡明复、胡刚复文集》,线装书局2014年版,序,第1页。
2. 陆阳:《胡氏三杰:一个家族与现代中国科学教育》,上海三联书店2013年版,序,第2页。
3. 宋立志主编:《名校精英·上海交通大学》,远方出版社2005年版,第6页。
4. 宋立志主编:《名校精英·上海交通大学》,远方出版社2005年版,第7页。
5. 宋立志主编:《名校精英·上海交通大学》,远方出版社2005年版,第8页。
6. 上海交通大学数学系编:《数学系八十年》,上海交通大学出版社2013年版,第262页。
7. 熊月之:《胡敦复等志士与大同大学》,熊月之:《海派映照下的江南人物》,上海书店出版社2019年版,第238—239页。
8. 熊月之:《胡敦复等志士与大同大学》,熊月之:《海派映照下的江南人物》,上海书店出版社2019年版,第242页。
9. 蒋宝麟:《体国经世:民国的学人与商人》,上海书店出版社2015年版,第106页。
10. 王仁中:《爱国办学的范例:立达学社与大同大学、附中一院史料实录》,上海古籍出版社2002年版,第19页。
11. 胡适:《追想胡明复》,耿云志、李国彤编:《胡适传记作品全编》第3卷,东方出版中心1999年版,第31—32页。
12. 王仁中:《爱国办学的范例:立达学社与大同大学、附中一院史料实录》,上海古籍出版社2002年版,第20页。
13. 上海交通大学数学系编:《数学系八十年》,上海交通大学出版社2013年版,第264页。
14. 任鸿隽:《悼胡明复》,《科学》1928年第13卷第6期,第824—825页。
15. 胡彬夏:《亡弟明复的略传》,《科学》1928年第13卷第6期,第819页。
16. 张祖贵:《中国第一位现代数学博士胡明复》,《中国科技史杂志》1991年第3期,第52页。
17. 张剑:《赛先生在中国:中国科学社研究》,上海科学技术出版社2018年版,第177—180页。
18. 《胡刚复》,卢嘉锡主编:《中国现代科学家传记》第2集,科学出版社1991年版,第

注释

142—145 页。

19.《胡刚复》,卢嘉锡主编:《中国现代科学家传记》第 2 集,科学出版社 1991 年版,第 146 页。

20.《胡刚复》,卢嘉锡主编:《中国现代科学家传记》第 2 集,科学出版社 1991 年版,第 147 页。

21.《胡刚复》,卢嘉锡主编:《中国现代科学家传记》第 2 集,科学出版社 1991 年版,第 151 页。

22. 胡适:《四十自述》第 1 册,上海亚东图书馆 1947 年版,第 86 页。

23. 张立茂编注:《胡适澄衷学堂日记》,文汇出版社 2017 年版,第 234 页。

24. 沈卫威:《胡适传》,河南大学出版社 1988 年版,第 30 页。

25. 胡适:《四十自述》第 1 册,上海亚东图书馆 1947 年版,第 177—178 页。

26. 胡适:《追想胡明复》,耿云志、李国彤编:《胡适传记作品全编》第 3 卷,东方出版中心 1999 年版,第 31 页。

27. 罗志田:《再造文明之梦——胡适传》,四川人民出版社 1995 年版,第 81 页。

28. 江勇振:《舍我其谁:胡适 第一部 璞玉成璧(1891—1917)》,新星出版社 2011 年版,第 163—164 页。

29. 江勇振:《舍我其谁:胡适 第一部 璞玉成璧(1891—1917)》,新星出版社 2011 年版,第 173 页。

30. 赵元任:《赵元任早年自传》,岳麓书社 2017 年版,第 96 页。

31. 江勇振:《舍我其谁:胡适 第一部 璞玉成璧(1891—1917)》,新星出版社 2011 年版,第 175 页。

32. 江勇振:《舍我其谁:胡适 第一部 璞玉成璧(1891—1917)》,新星出版社 2011 年版,第 175 页。

33. 陆发春:《胡适家书》,安徽人民出版社 2010 年版,第 210 页。

34. 章清:《胡适评传》,百花洲文艺出版社 2015 年版,第 306—316 页。

35. 易竹贤:《学海涉闻》,湖北人民出版社 2004 年版,第 113 页。

36. 吴梓明:《汉语文献与中国基督教研究——视域的探索与发现》,陶飞亚、杨卫华编:《汉语文献与中国基督教研究》上,上海大学出版社 2016 年版,第 64 页。

注 释

37. [美]史黛西·比勒:《中国留学学生史》,刘艳译,生活·读书·新知三联书店 2010 年版,第 105 页。
38. 《张福良自传 *When East Met West* 节录》,清华校友总会编:《校友文稿资料选编》第 6 辑,清华大学出版社 2000 年版,第 158 页。
39. [美]史黛西·比勒:《中国留学学生史》,刘艳译,生活·读书·新知三联书店 2010 年版,第 105 页。
40. [美]史黛西·比勒:《中国留学学生史》,刘艳译,生活·读书·新知三联书店 2010 年版,第 106—107 页。
41. [美]史黛西·比勒:《中国留学学生史》,刘艳译,生活·读书·新知三联书店 2010 年版,第 107 页。
42. [美]史黛西·比勒:《中国留学学生史》,刘艳译,生活·读书·新知三联书店 2010 年版,第 117—122 页。

第四章

续航：

寰球中国学生会与民国时期的赴美留学

寰球中国学生会成立于1905年的上海，直至抗战爆发后才停止活动，前后存续40多年。它创建于清末留学运动的兴起，民国时期为中国留学教育的发展做了大量工作，有力地推动和帮助大批留学生顺利奔赴留学目的地。寰球中国学生会诞生于上海，上海的港口和码头由此成为中国留学生奔赴世界的港湾。南京国民政府成立后，积极筹划留美事宜，赴美留学的人数有一定增加。抗战爆发后，赴美留学生的数量一度锐减，直到20世纪40年代中叶才有所恢复。

一、寰球中国学生会与赴美留学生

在寰球中国学生会的筹备与发展过程中，归国留学生做出了重要贡献。他们将在西方所学的新知与中国传统文化融会贯通，并运用近代以来新世界的价值观，塑造并推动了寰球会的发展。寰球会的董事里，有早期留美幼童钟文耀、唐国安、丁崇吉、唐露园、蔡廷干、唐绍仪；还有颜惠庆、王宠惠、王正廷、余日章、朱友渔、朱少屏等留学日本美国者，他们均活跃于寰球会内，为这一组织的发展贡献己力。其中，南洋知识人在寰球会的创建中占有独特地位。发起人李登辉（1872—1947）是生于荷属爪哇岛巴达维亚（今印度尼西亚雅加达）的南洋华侨，1904 年 10 月来沪定居。《寰球中国学生报》的编辑伍连德与辜鸿铭两人亦是从南洋回国服务的知识人。

寰球中国学生会的发起者在构想之初，将上海基督教青年会作为模仿的对象。1898 年北美协会派美国干事路义思来上海筹办青年会。1900 年 1 月 6 日，由 35 位基督教青年在博物院路（今虎丘路）亚洲文会召开上海基督教中国青年会成立大会。会章的宗旨是“提倡德、智、体三育和‘非以役人，乃役于人’的精神以改造社会，造就青年”，其活动是“利用公余时间，提倡教品辅仁的团契和高尚娱乐以及补习教育等”。主要参加者有张振声、宋耀如、颜惠庆、曹雪赓、黄佐庭、颜德庆等人，由张振声任会长，路义思任总干事。[1]

在青年会会员发展到 350 人，会务初具规模后．青年会开始筹建会所，由上海绅商各界捐银 5.5 万两，另由路义思返美募捐 5 万美元，于 1905 年 10 月在四川路 599 号奠基，1907 年 11 月举行落成典礼，由美国陆军部部长塔夫脱将该会所信托文契交给会长王阁臣，这个由中国会员自筹经费、美国捐赠部分资金建成的会所，就此变成了由美国授予上海青年会的产业。从 1905 年四川路会所奠基到 1932 年八仙桥会所落成，上海青年会会务发展迅速。开展了德育工作，主要是进行基督教教育以及一般的伦理道德教育。如中、英文查经班，介绍基督教的各种演讲会，还有伦理道德、人格修养等演讲。智育工作的重点是日、夜学校，课程有英文、国文、商业知识、美术等，实际上是职业教育，同时又有德育、体育和社交活动。许多青年在学习后有一技之长，容易谋得职业，很受欢迎。[2]

对 20 世纪初的上海青年而言，上海基督教青年会是一个十分活跃且有影响力的组织，吸引了众多海外赴沪青年的注意，李登辉就是其中之一。1905 年初，李登辉在会内发表演说，提出在青年会之外，新建一个不假手外人的学生会的设想。他强调："外国人办得好的事业，我们中国人也可以办，不一定要外国人来办。但我们要吸收外国人的长处，发挥中国人的智慧……现在基督教青年会规模虽大，然非中国人自办。我们应立即迎头赶上世界新潮流，自己站起来创办一个既像个学会又像个福利团体的组织，研究科学技术，与国际互通声气，吸收国际间先进文化，力求走改革自新之道，并须提倡高尚有益的娱乐，锻炼身心，以图改造社会，贡献祖国。"[3]

寰球会是身处民族主义激荡时代的爱国基督徒知识分子以上海基督教青年会为组织原型而创建的民间社团。这样的产生背景，使其从一开始就印上了青年会的影子。在日后的发展过程中，青年会的影响亦未曾离开。该会发起人李登辉则相继在寰球会和青年会担任会长、会董一职。青年会

寰球中国学生会纪念品

总干事余日章亦被推举为寰球会的会长。在很长一段时期内，寰球会与青年会是在对抗与融合中携手共进的。[4]

1905 年 7 月，寰球中国学生会在上海成立。它是由李登辉创办的一个民间学生社团组织，活动主要包括办理日校、夜校，邀请名流讲演，接洽留学生出国等。创立伊始，其立会宗旨之一就是"扶助学生"，包括五个方面的内容："一、本会以联络寰球各处学生声气为目的；二、在外国留学卒业而回，或在本国学堂卒业之生，本会为之访求职业；三、会中各友必须彼此荐引，竭力扶助；四、本会招待来往学生（在上海由总会招待，在外洋由支会招待）；五、本会资助留学生出洋留学。”[5] 该会在近代中国社会教育、中西文化交流、留学教育等方面扮演着重要角色，尤其在协助政府帮助赴美的留学生方面发挥了一定作用。

董事会是寰球会的实际领导层，主要由议事董构成。议事董由全体会员共同推举产生。在 1905—1925 年间，寰球会的会长主要是发起人李登辉，他共担任了 10 届。总干事一职自 1916 年设置以来，一直由朱少屏担任。1920 年至 1922 年期间，因朱赴欧美考察，先后由李登辉和吴和士代理。李登辉和朱少屏二人长期连任要职，对该会事业用心经营、呕心沥血，是寰球会的核心领导人物。

寰球会的干事部由总干事总其成，辅助以若干驻会职员，负责贯彻执行议事董会议决定的各项事务。驻会职员由总干事聘任，人数无定额，一般为十人左右。干事部下设多个会务部门，职权各异，分工明确。如成立之翌年，1906 年即设游学招待部，为国内官费或自费出洋学生提供留学服务，如代办出发手续、组织欢送会、开展留学指导等，并适时调查欧美各国著名大学概况及招生规程，为预备留学者提供便利。同年春，还成立了教育部和出版部，前者负责全会教育事业，除自办学校外，亦致力于公民教育、职业教育、通俗教育、平民教育等事业，并提倡高深之学术。后者定期出版会刊、年刊等，一面报告会务，一面刊载与教育文化有关之消息记载。另外还不定期出版丛刊，如《游美须知》《游欧须知》《出洋学生调查录》《出洋手续》等数种。

1906年还相继设立了庶务部、会员部与经济部等。次年特设演说部，负责定期聘请名人到会演说，或与其他机关合组临时演讲会，或赴其他机关演讲，旨在启迪社会，开化民智，普及文化于中下阶层。1908年1月成立职业介绍部。同年成立的代办招考部则是为便利学校与投考生而设，负责代办招生宣传、入学考试等事项。[6]

创会之初，寰球会的主要活动即是招待途经上海的出洋学生，并为归国毕业生访求职业。后会务虽日渐拓展，但服务留学生一直是其组织活动的重心。寰球会的游学招待活动主要包括两个部分：一是代办一切出洋事宜；一是开会欢送出洋学生。1908年，美国以退还中国庚子赔款作为中国留学美国的教育基金，并在北京设立游美学务处，这使得赴美留学人数激增。寰球中国学生会亦积极响应配合，设立了“游学招待部”，并以“联络寰球各处学生”为号召，拟协助政府派遣留学生赴美。此时的寰球中国学生会类似于清华学堂在沪留学事务所，专为留洋学生代理安排一切留学事务，“清华学校历届出洋学生亦均在该会办事”，清华学生抵沪后则在寰球中国学生会填册报到，接洽一切，并暂住该会待船出发。[7]

清末民初时期，出洋手续向来繁琐，留学成行往往颇费周折。尤其是赴美留学生，因受华工禁例影响，美国驻华领事对其护照签证时常故意刁难，“有至数月后，犹不能得一护照（签证）者”，而寰球会却能于数小时内办理完善且更为妥善，避免入境之时再遭阻挠，故颇受留学界称道。寰球会代办的出发手续大体包括：预定舱位、请领护照（签证）、请领教育部留学证书、介绍医生、代办服装、兑换货币等项。其中预定船位一事，乃出洋手续中之最紧要者。因出国留学者日益增多，“船位非预先定妥，临时万难得到”。因需求量大，1922 年时，寰球会游学招待部特与船公司订立契约，后者允诺每期邮船放洋前，预留若干舱位予前者。自此该会代订舱位更为便易，委托者只需填写一张出洋调查表，详列委托之事，随同定金，汇寄该会就可以预订舱位了。[8]

寰球中国学生会为赴美留学生多次举行隆重的壮行仪式。1911 年 8 月 5 日，李登辉宣告开会宗旨后，便有伍廷芳对留学生发表劝勉之演说：“到美时，务宜专心求学，毋忘顾国家培植之功，须抱定宗旨学习如工艺、路矿、商学、农学等吾国人材最为缺乏之专业。”朱少屏对留美学生寄予厚望，说：国家“转弱为强”全赖诸君。周诒春则将自己游美种种经历与感悟，编成小册子分发现场。1912 年 10 月 17 日，寰球中国学生会欢迎“民国第一次派出学生”，陈贻范、王正廷、伍朝枢等分致演说，会场热闹非凡。1914 年 8 月 3 日，寰球中国学生会欢送赴美学生，唐绍仪、王宠惠、梅殿华等中外名流均列席，其中范源廉发表“中国之主义”演说，唐文治发表“中国之文学”演说，以为鼓励之辞。除了敦请名士演说外，该会还常于欢送大会上“佐以军乐、茶点”，借以联络情谊。除了举行送别仪式，寰球中国学生会还成为留学生的会集地。1912 年,“留美同学会”成立,假借寰球中国学生会为场地开成立大会。1913 年,清华学校授予部分毕业生留洋资格,这批学生抵沪后,指定的聚集地点就在寰球中国学生会。1914 年,为接洽赴美留学生,寰球中国学生会设立了事务所作为办公之处。至于各省教育厅选派的“东西洋各生”,经教育部考核合格后,亦委托朱少屏“照料一切”,各地、各校的官派及自费生均指定在寰球中国学生会集合。而留学生抵美后,亦常将到达之消息反馈于寰球中国学生会。1914 年 9 月,该会接到“美国旧金山周寄梅君来电,谓清华学校派赴美国全体学生以及自费男女学生已安抵该埠”。1915 年 9 月 3 日,该会再度接到护送员赵国材美国来电谓,“已直抵该埠,全体无恙”。至于留美学生毕业回国,一方面经由该会发出消息,以告国人,另一方面该会游学招待部也为归来学生筹备庆典大会。此外,寰球中国学生会充分利用会刊之平台,对留美学生游学之状况、政府留美政策、留学生自费出国等情形进行报道,或将出洋学生名单列出公示。同时,该会还编印《出洋游学之导引》《沿途规则》《西俗礼法》《各国大学校之性质》等指南书,供留学生参考。[9]

1920 年 8 月 21 日的《申报》就曾详细报道过欢送赴美学生的场景,今日读起来仍栩栩如生:

> 昨日下午四时,江苏省教育会、欧美同学会、寰球中国学生会、美国大学同学会、美国女子大学同学会五团

体，假法租界美国哥伦比亚俱乐部欢送赴美学生。到者有美总领事克银汉、王正廷、黄任之、朱叔源、钟紫垣、钱新之、唐露园、朱友渔、周森友、吴和士、朱成章、夏奇峰等中西男女来宾数十人，清华赴美学生甘介侯、萧公权等七十八人、自费生岑德彰、张惠生女士、钱素君女士等二十余人。先由清华全体摄影，以志纪念。继赴茶点，又全体赴美学生及欢送诸君同摄一影，毕，由朱友渔君致辞。略谓：今日唐绍仪君，因病不克赴会、致书嘱为代达歉忱。今日五团体欢送诸君赴美，适逢七夕，可谓难得。七夕之故事，诸君想均知之，即牵牛织女故事是也，于义为圆满快乐，今日适逢其时，敢为诸君致贺云云。继由美领事克银汉演说，略谓，诸君赴美须将文化携时中国，扶助国家，俾臻隆盛。中美兄弟之邦，美国国民极愿扶助中国，希望诸君赴美，对于实业宪法加意研究，俾归国后谋所以巩固国基也，众鼓掌。次由黄任之君演说，略谓：诸君赴美后，闻国语之日日少，故鄙人极愿以国语发表意见，供献于诸君。诸君出洋，勿想如何出去，须想如何回来，即诸君出洋，须想归国后有何种建设是也。诸君赴美之责任有二：一、诸君出洋后，五年之内，国内之变化必甚多，决非未出洋前之情形，故诸君所求各种学问，须适用于五年后之中国者；二、诸君求学，原为传播文明，将西洋文化输入中国，但中国今日为新旧文化过渡时代，希望诸君输入文化，勿效邮差,仅将书信由外国寄回,责任已了,须学蜜蜂,能采花酿蜜,吸收西洋文化,酿成甘蜜,为中国同胞之食品也。众鼓掌。次由施特福君演说,略谓:诸君赴美,美国必甚欢迎。诸君勿以不谙西洋习俗语言而自馁,须知美国国民,深知诸君为已经觉悟且能服务社会之中国人也。诸君须表示诸君之国民性,勿失本来面目,须知外国人之至中国者,亦从未失其本来之态度也。诸君赴美,不唯有求,并须能施,学业之精勤固不可少,亦须有社会之生活,加入美国学校中所组织之团体,并须时寻快乐,须知快乐习惯胜于良医也。诸君赴美之后,千万勿忘祖国,勿忘祖国之山东。中国同胞固无日不引颈以望诸君之学成归来、振兴祖国也。众鼓掌。旋散会已六时矣,清华学生随赴恒康衣服店宴会,应主人夏筱卿之请,并由夏君赠送国旗及清华校旗,人各两面。以商人而能注意教育事业、洵难得也。闻青年会亦定本星期日下午五时开欢迎会、至学生所乘"南京"号、将于二十一号抵申、至早二十二号可开赴美国云。[10]

寰球会还出版了众多书籍报刊,其中影响最广者当属《寰球中国学生会周刊》,该刊于 1919 年 10 月创刊,由《環球》季刊改版而来。该会出版《周刊》之宗旨,除了发表会务以外,还致力于为教育界,尤其是留学界提供帮助。从语言来看,起初常以第三版面登载英文内容,自 1920 年 7 月 1

日起，全刊均载中文，每月另增英文一张。从栏目设置来看，大体分为记录、议论、摘要三类。记录以本会会务为主。议论多载名人演说。摘要类内容最为丰富，其中国内大事记一栏，专为便利远居国外之留学生，得通晓祖国近讯，不致消息滞隔。此外，还设置有介绍欧西教育之文章、一周内国外大事记、游学纪程等栏目，为有志出洋留学者提供参考。1922 年，因本届清华学校出洋学生甚众，出版部遂将第 95 期《周刊》改为“欢送游美学生号特刊”，广受欢迎。

作为国内极具影响力的游学招待团体的会刊，《周刊》定位清晰，资讯丰富，加之价格低廉，每份仅售“大洋一分五厘”，故深受读者欢迎，不仅行销国内，还能寄递国外，颇得留学界赞许。除了发行《周刊》外，寰球会还出版了多种游学指南类书籍。该会游学招待部虽于平日里，能够竭诚答复来会或来函问询出发手续及留学界情形等类问题者，并时常于欢送会上提醒出洋学生游学注意事项，但因留学手续既繁琐，又时有变迁，非几页纸或几句话能详述完全，故该会或邀请留学界先进撰写专著，或自行辑录各种留学所需常识，汇刊成册，以资预备留学者参阅。因寰球会所招待者，多为留美学生，故其最先于 1920 年刊印周诒春所著《游美须知》一书，专为各地赴美者作参考，销量颇广，至 1925 年时修正增订已达四版，仅上海本埠就有中华书局、古今图书店等十四五处寄售点。[11]

1937 年抗日战争全面爆发，上海留学事务亦陷于停滞。

寰球中国学生会的各项事宜因战争而难以为继。与此同时，因从事抗日活动、长期担任寰球中国学生会总干事的朱少屏一再受到日本特务迫害，被迫离沪出走香港，其各项工作也逐渐停止。

二、从清华庚款留美到留美公费生

1911年申请更改肄业馆为清华学堂后，游美学务处便制定了一份《清华学堂章程》，指出清华"以培植全材，增进国力为宗旨"，"以进德修业，自强不息为教育之方针"。虽然以后清华学校的学制、计分制、学生的管理等各项章程不时改订，但其办学宗旨、教育方针始终如一。在此宗旨与方针下，学生在校的八年预备期间，不仅要做好基础学业上的准备，而且要熟悉美国的语言文字、生活方式、风俗习惯、社会政治情形等，做好多方面的出洋准备。[12] 1911年4月29日，清华学堂开学。各省咨送学生184名，在京招考第二格学生116名，备取26名，加上1910年备取的第一格学生143名，共468名学生，分别入初等、高等两科。这是清华学堂最早的一批学生。同年秋，清华学堂依照计划开学，进行第二学期的正常教学与学习活动。但不久辛亥革命爆发，清华学堂被迫关闭。1912年5月1日，清华学堂重新开学，奉命改为"清华学校"，原英文名称 Tsing Hua Imperial College，改为 Tsing Hua College。因国体变更，清华的人事亦更换,游美学务处被撤销,总办周自齐出任山东都督,会办范源濂升任教育部长,总务长张伯苓辞职,学堂监督唐国安改称清华校长,周诒春为教务长。[13]

1912年赴美的侯德榜、王正序等16人,是清华学校的第一届毕业生。此后清华学校稳步发展,直到1929年为止,选派的留美学生络绎不绝,从未间断。清华学校还制定了选派学生赴美游学的具体章程。清华创校初期,由于派遣留美人数不多,经费较充裕,在建设校园的同时,还能拿出一部分经费考选部分女生及专科生出洋留学。1914年6月,清华选送了第一批游美女生10名,此后每隔一年选派一批,定额为10名。

在新文化运动中享有盛名的作家、历史学家陈衡哲就是其中之翘楚。陈衡哲1914年通过清华学堂招收留美女生考试,是年8月8日,在上海乘轮船远航。抵美之后,先在位于纽约州东南部波基普西市的普特南女子学校就读。该校是瓦莎学院的预备学校,为高中女毕业生设立了两年的课程,但陈衡哲在普特南女子学校仅就读了一年,即于1915年秋天即进入瓦莎学院历史系学习,后获得学士学位。1919年春,进入芝加哥大学研究院攻读西洋史和文学,次年获文学硕士学位。1920年回国后出任北京大学历史系教授。陈衡哲是中国教育史上第一位女性教授,曾轰动一时。

专科生的选派始于1916年,之后每年陆续选派。对游美专科生要求其曾在国内外冶矿、机械、工程、农业等专门学校毕业，能直入美国大学进行专科研究，年龄在26岁以内，留学年限为3年。留美女生及专科生的川资、学费等项都与清华生同等待遇。除1920年，因清华本校毕业生甚多而停送一届女生与专科生外，自1914年到1929年，共选派留美女生53人，专科生自1916年至1929年共67人。清华学校在对外扩充留美学额的同时，对内也增加学生数目。中等科、高等科学生最多时共达660余人。每年派遣的留美学生也相应逐渐增多，到1921年，清华留美生已有440余人，达到清华学校的留美高潮。[14]

民国初年，中央官费留学生派遣减少，而各省时有省公费留美学生。从民国教育部档案所存不全的留美官费毕业生名单来看，125人中包括省费、交通部费、教育部费、部津贴费等各类官费留美生。自费留美生自民国以后，数量日增，甚至超过官费生与庚款生，成为留美运动中的主流。黄炎培统计1914年至1915年留美学生1248人中，庚款生约320人，各省派遣者约160人，其余都为自费生。1919年核准的自费生95名中，留美生34名，占35.8%；1920年168名核准自费生中，留美生90名，占53%。1924年《留学生录》统计中，留美生1637人中，自费生1075人，占总数的65%以上。据《中华教育界》统计，1919年以后，每年暑假放洋去美留学者必数百计，其中自费生占多数。到1925年，在美留学生数量已达1600余名。在20世纪20年代，每年赴美的人数都在300—400人之间，可谓盛况空前。这样，

章

Relinking
with the world

Study in the USA

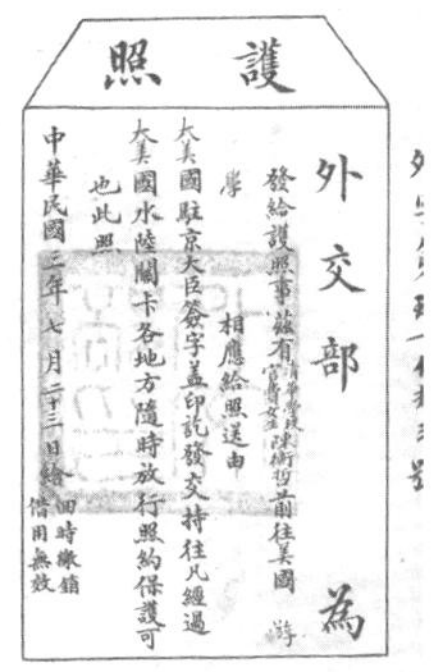

護照

外交部 為

發給護照事茲有清華學校官費女生陳衡哲前往美國遊

學 相應給照送由

大美國駐京大臣簽字蓋印訖發交持往凡經過

大美國水陸關卡各地方隨時放行照約保護可

也此照

中華民國三年七月二十三日給

回時繳銷

借用無效

Miss Sophia H. Chen

Legation of the
United States of America,
Peking, China,

July 28, 1914.

I hereby certify that this passport has been issued by the Chinese Ministry of Foreign Affairs to Miss Sophia H. Chen, who has been appointed by the Chinese Government to proceed to the United States for purposes of study, as a Government supported student.

J.V.A. MacMurray
Chargé d'Affaires of the
United States of America.

Sophia H. Chen
陳衡哲

陈衡哲赴美留学的护照

以清华庚款留美为契机，在清末民初，便形成了一场以清华留美生为中坚力量的较大规模的留美教育运动。[15]

1915年，清华学校制定详细的《清华学校津贴在美自费生章程》，旨在"体恤寒畯，奖励游学，使在美自费生之有志上进而无力卒学者，得以学成致用"，规定"津贴名额暂定五十名为限，每名每年美金四百八十元，由驻美监督处按月发给，不得预支"。[16] 清华学校的津贴对于赴美留学的自费生帮助极大，在很大程度上缓解了自费生的经济压力。许多留美出身的人士如庄长恭、陈焕镛、周志宏、陈翰生等都曾受到清华庚款的资助，在美国顺利完成了学业。

在1925—1928年间，留美学生人数基本上保持在2500人上下。而到了1929年，根据寰球中国学生会的统计结果，中国留美生人数由1927年的2500人，下降到1279人，以后两年更是减少。据教育部统计，1929年所发留学证书有372人，到1932年降为99人。原因之一是受美国经济危机的影响。1929—1932年，爆发了席卷资本主义世界的全球经济危机。整个资本主义世界的生产平均下降了40%，美国也不例外，下降了46.2%。经济的不景气，使美国青年都难以入学，外国留学生就更难以进入其中了。原因之二是清华庚款停止了考选留美。从1911年清华预备学堂成立到1929年游美学务处结束，利用庚款共派出留美学生1279人。1928年8月清华学堂改为清华大学后，遂停止庚款留美，直到1933年开始考选第一届留美公费生。同时，国民政府于 1929 年颁布了《发给留学证书规程》以及《选派留学生暂行办法大纲》,提高了留学资格要求,规定公自费生须领留学证书。改变了北洋时期放任自流的留学政策,限制了一部分有志留学而资格不够的青年学子。另外,国民政府各军阀间连绵不断的战争以及 1931 年爆发的九一八事变,对留学教育也有所影响。[17]

伴随着全国统一局面的形成和各项建设事业的蓬勃兴起,留学教育开始走上正轨。国民政府教育部在 1933 年 4 月制订并颁布了比较规范的《国外留学规程》,其中明确规定:"由各省市教育行政机关考取或由公共机关遴选派赴国外研究专门学术、供给其研究期间全部费用者,称为公费生";"凡自备留学费用或由私法人遣派赴国外研究专门学术供给其费用者,称为自费生",对于公费生留学攻读的科目也强调"应注重理农工医等专科",留学年限"至少二年,至多不得过六年,实习及考察期间在内"。[18]《国外留学规程》是国民政府时期留学教育的基本文件,各种规定十分详尽。该规程共 5 章 46 条,分总则、公费生、自费生、留学证书、附则等。其要点为:(1)选派资格提高。规定凡公、自费生均需在国内公立或已立案之私立专科以上学校毕业,并曾任与所习学科有关的技术职务二年以上者;或是国内外公私立大学或独立学院毕业而成绩优良者。(2)公费生考试程序及科目固定。考试分初试和复试两级进行。初试除体检外,尚须考普通科目,包括党义、国文、本国史地、留学国国语,以及三门专门科目。复试须考留学国国语以及二种专门科目。(3)实行留学证书制度。规定公自费生都需领取留学证书,否则不得以留学名义请领护照,不得呈请奖学金补助,回国呈验毕业证书时不予登记(但留学证书制度并未完全付诸实施)。(4)注重理工科派遣。国民政府以后的留学政策,大都以此为蓝本。[19]

在这一时期,清华作为一个独立的派遣单位继续选派学生赴美,但在派遣的方式和规模上,不仅与以前的清华学校时代不同,也与一般的留美教育有异。1928年8月17日,清华学校改为国立清华大学,直属教育部。1929年初,留美预备部使命结束,停止遣送毕业生赴美。4月,美国驻北京大使令南京领事与民国政府教育、外交两部召开清华基金保管委员会会议,议决将清华基金委托中华教育文化基金董事会代为保管,并于4月30日由国民政府通过。1933年6月,教育部颁发《考选清华留美公费生办法纲要》,令清华大学继续选派留美生,规定3年之内每年通过公开考试录取25名,3年计75名,其选拔的范围也不再局限于清华一校,而是扩大为全国各大学的毕业生。遵照部令,是年8月21日,清华大学在北平、南京两地同时举行了第一次留美公费生考试。这次选派留美生,受到政府的高度重视,教育部亲自聘请专家组成考试委员会负责具体的组织、领导工作,考试命题员及判卷员均由考试委员会聘请,所以,较之清华学校时期留美学生的选派,不仅更严密,而且更公平。由于是在全国范围内选拔，且录取人数有限，所以竞争也十分激烈。[20]

与此同时，各省也纷纷举行省选留学生考试。冀、鲁、皖、苏、赣、粤、桂等省至少举行了一至两次留学生考试。其中以赴美为多，科别注重理、工、农、医等实科。同时，清华大学于1933年举办了第一届留美公费生考试，录取了龚祖同（后转留德）、顾功叙等共25人；1934年第二届考试录取了张光斗、钱学森等20名；1935年第三届考试共录取了30人；1936年第四届考试，录取马大猷、王铁崖等18人。此时美国逐渐摆脱了经济危机，经济开始复苏，能够进一步吸收和接纳外国留学生。据北美中国学生基督协会统计，1935年在美国大专院校注册的中国学生共有1443人，1937年总数更达到1733人。另据寰球中国学生会统计，1936年留美中国学生共有1580人。[21]

留美学生对近代以来中国的教育、文化与科技事业产生了重要影响。清华留美生中，从事教育者204人，占总数的40%以上，位于所有职业之首；1931年出版的《当代中国名人录》中，教育界名人1103位，留美出身的占51%；1931年全国公私立大学79所，留美出身的校长就有34位。从这些数据可知，清末民初的留美生充当了近代教育师资的主力，他们为近代中国的教育事业做出重要贡献。在留美生的影响下，中国开始注意美国的教育制度。1922年北洋政府教育部颁布的新学制，就采用美国的“六三三四制”，即小学6年，初中3年，高中3年，大学4年。此后，中国的教育制度基本上为“美国式”的。不仅如此，留美生还带回一些新的教育思想。当时欧美盛行的平民主义教育以“养成健全个人，创造进步的社会”为目的，力倡普及教育，力主崇尚自由，使教育平民化。留美生在中国大力推行平民教育，促进了中国教育的发展。[22]

清末民初的留美生在学业上有两个优势，一是教育程度高，二是学习理工科的占比较大。留美生利用这两个优势在促进中国科技发展上贡献卓著。1914年，留美学生组成“科学社”，发起编印《科学》月刊，次年“科学社”正式定名为“中国科学社”，它是中国持续时间最长、影响最大的学术团体。在《科学》发刊词上，任鸿隽写道“百年以来，欧美两洲声名文物之盛，震烁前古，翔厥来原，受科学之赐为多”。[23] 而当时中国缺乏的正是科学，因此，这批较早留学美国的中国学子责无旁贷地担当起引进和传播西方科学的任务。中国科学社和《科学》杂志不仅从事科学主义思潮的宣传，更务实地进行西方科学的引进和传播工作。他们将西方科学的全貌介绍给国人，涉及各个学科和层面，并且进行科学名词的划一、审订，为引进和传播西方科技打下基础，对于近代中国具有重要的科学启蒙意义。

留美学生对中国科技的另一个重要贡献是他们在各自学科领域进行了数十年的艰辛耕耘，取得了卓越成就，成为许多学科的奠基者。如数学领域的姜立夫、天文气象学领域的竺可桢、物理学领域的吴大猷、工程桥梁学的茅以升等。

1928 年成立的中央研究院是近代中国第一个国家级的科学研究机构,其中坚力量大多有留学欧美的经历。1948 年 3 月,经过无记名投票方式经五次投票后终于产生了 81 名院士。这 81 名院士绝大多数是 20 世纪 30 年代以前的留学毕业生,留美生占 49 名。

三、抗战时期赴美留学的停滞与重启

抗战初期(1938—1941),留美学生的数量进入低谷。该期持有留学证书的留美生,1938 年仅有 15 人,随后 3 年分别为 39、85、54 人,4 年总数加起来也只有 193 人,尚不及战前一年的留美人数(1937 年为 201 人)。因此有人称该期为“抗战大断裂”,港台学者称为“挫折期”。[24] 究其原因,主要是日本发动了全面的侵华战争,海外学子不仅纷纷辍学回国,共赴国难;而且在国难当头之际,国内青年也不忍离开祖国外出求学。在卢沟桥事变后的两三个月里,6000 多名留日学生几乎全部回国。留美生虽远隔重洋,但也有大批学生想回国效力。据 1939 年 5 月统计,留美学生减至 1163 人,与战前相比,减少了三分之一左右。

同时,国民政府在抗战开始后为了节约外汇,配合国防需要,1938 年 4 月中国国民党临时全国代表大会通过的战时各级教育实施方案第十三条规定:“改订留学制度,务使今后留学生之派遣,成为国家整个教育计划之一部分。而

第　　　四

1914年夏中国科学社成员合影。前排左3为任鸿隽，前排右4为赵元任，前排右2为胡杏佛，后排右5为胡适

于私费留学亦加以相当统制，革除过去分歧放任之积弊。”[25] 6月行政院便颁布了《限制留学暂行办法》。规定公、自费生的资格须是公私立大学毕业后，曾继续研究或服务2年以上者；或是公私立专科学校毕业后，曾继续研究或服务四年以上并著有成绩者。无论公自费生，研究科目一律暂以军、工、理、医各科有关军事国防为目前急切需要者为限。并要求领有留学证书，出国已满3年的留学生，除成绩特殊，确需继续在国外研究者，一律限令在1938年9月前回国。1939年8月，教育部又颁发了《修正限制留学暂行办法》，更加大了限制的力度，该《暂行办法》规定："在抗战期内公费留学生，非经特准派遣者，一律暂缓派遣；自费留学生，除得有国外奖学金或其他外汇补助费，足供留学期间全部费用无须请购外汇者外，一律暂缓出国。"[26] 当修正办法颁布之后，赴美留学人数锐减。与此同时，由于战争冲击而造成的赴美交通困难，也是留美人数减少的原因之一。

1941年12月，太平洋战争爆发，美国参加了对日作战。1943年1月，国民政府与英、美等缔结了新约，废除了不平等条约，提高了中国的国际地位。同时从1940年开始，因日本战线太长，兵力分散，抗日战争进入了相持阶段，中国战场的局势也趋于稳定。由于生产部门的扩大以及战时人才的不景气，国内专门人才的供应呈青黄不接之势。国民政府为适应培养抗战建国人才的需要，开始改变限制留学的关门主义政策，并把重心放在培养高级技术专精人才和业务管理人才方面。

1942年教育部宣布废除《限制留学暂行办法》。蒋介石于1943年3月发表《中国之命运》,指出战后建设需才孔亟,要求“以后对于留学生之派遣,应照十年计划,估计理工各部门高中低各级干部所需之数目,拟具整个方案为要”[27]。1943年11月,国民政府颁布了《国外留学自费生派遣办法》,该办法规定自费生的留学事宜一律由教育部“统筹派遣并管理之”,同时规定“自费留学生,每年派遣人数,应从严限制,暂以600名为最高额,额满停止派遣,是项自费生学科暂定以习实科(包括理工医农等科)占十分之六,文科(包括文法商教育等科)占十分之四……留学期间,暂以两年为限”[28]。同年12月举办了第一届自费留学生考试,考试分实科与文科两大类,实科类包括理工医农四科,文科类包括文、法、商、教、艺术五科,“考试及格学生共三百二十七人,其中实科类一百六十人,计工科一百〇八人,理科三十人,农科十五人,医科七人。文科类一百六十七人,计商科七十四人,法科五十五人,文科二十八人,教育艺术十人”,考试结果公布后,考中的学生于1944年秋季陆续赴美留学。[29] 其中包括学英国文学之叶君健、学经济之施建生以及学历史之黄绍湘等。1943年清华大学举行第六届留美公费生考试,计录取杨振宁、吴仲华、曹建猷等共32名。1944年在租借法案项下,国民政府从各机关工作人员中挑选了一批优秀分子赴美学习,共计1200名。1944年,美国麻省理工学院、万国农具公司等以及英国文化协会和工业协会赠予中国一批奖学金。教育部在 12 月于重庆、成都、西安等七处分设考场,举行了英美奖学金研究生实习生考试。应考者 1824 人,共录取 209 名,其中美国工科研究生 41 名,农科研究生 20 名,中华农学会复试生 14 人,均于 1945 年暑假陆续赴美。[30]

睁眼看世界　赴美

第　　四

注释

1. 罗冠宗:《上海基督教青年会历史片段》,吴汉民主编:《20世纪上海文史资料文库9·宗教民族》,上海书店出版社1999年版,第151页。
2. 罗冠宗:《上海基督教青年会历史片段》,吴汉民主编:《20世纪上海文史资料文库9·宗教民族》,上海书店出版社1999年版,第152—154页。
3. 朱仲华、陈于德:《复旦校长李登辉事迹述要》,政协全国委员会文史资料研究委员会编:《文史资料选辑》第97辑,文史资料出版社1985年版,第109页。
4. 戴琪:《寰球中国学生会研究(1905—1927)》,华东师范大学硕士学位论文,2014年,第16页。
5. 《组织寰球中国学生会之发起大意》,《申报》1905年7月1日。
6. 戴琪:《寰球中国学生会研究(1905—1927)》,华东师范大学硕士学位论文,2014年,第30—31页。
7. 任秋敏:《寰球中国学生会与中国近代留学教育》,华中师范大学硕士学位论文,2011年,第20页。
8. 戴琪:《寰球中国学生会研究(1905—1927)》,华东师范大学硕士学位论文,2014年,第39页。
9. 高翔宇:《寰球中国学生会早期史事考述(1905—1919)》,《兰州学刊》2015年第8期,第86—88页。
10. 《五团体欢送赴美学生纪》,《申报》1920年8月21日。
11. 戴琪:《寰球中国学生会研究(1905—1927)》,华东师范大学硕士学位论文,2014年,第42页。
12. 李喜所、刘集林等:《近代中国的留美教育》,天津古籍出版社2000年版,第83—84页。
13. 苏云峰:《从清华学堂到清华大学1911—1929》,生活·读书·新知三联书店2001年版,第20页。
14. 李喜所、刘集林等:《近代中国的留美教育》,天津古籍出版社2000年版,第86页。
15. 李喜所、刘集林等:《近代中国的留美教育》,天津古籍出版社2000年版,第92页。
16. 舒新城:《近代中国留学史》,上海古籍出版社2014年版,第49页。
17. 李喜所、刘集林等:《近代中国的留美教育》,天津古籍出版社2000年版,第118—

注释

119 页。
18. 刘真主编:《留学教育:中国留学教育史料》第1—5册,台北“国立”编译馆1980年版,第1829—1837页。
19. 李喜所、刘集林等:《近代中国的留美教育》,天津古籍出版社2000年版,第120页。
20. 谢长法:《借鉴与融合:留美学生抗战前教育活动研究》,河北教育出版社2001年版,第53页。
21. 王奇生:《中国留学生的历史轨迹》,湖北教育出版社1992年版,第28页。
22. 李喜所、刘集林等:《近代中国的留美教育》,天津古籍出版社2000年版,第110—112页。
23. 《〈科学〉发刊词》,樊洪业、张久春选编:《科学救国之梦——任鸿隽文存》,上海科技教育出版社2002年版,第15页。
24. 王奇生:《中国留学生的历史轨迹》,湖北教育出版社1992年版,第27—28页。
25. 《抗战时期的中国教育(1937—1945)》,中国第二历史档案馆编:《中华民国史档案资料汇编》第五辑第二编教育(一),江苏古籍出版社1997年版,第340页。
26. 《教育部公布修正限制留学暂行办法》(1939年8月1日),中国第二历史档案馆编:《中华民国史档案资料汇编》第五辑第二编教育(一),江苏古籍出版社1997年版,第865页。
27. 章开沅、余子侠主编:《中国人留学史》上,社会科学文献出版社2013年版,第335页。
28. 《国外留学自费生派遣办法》(1943年11月8日),杨学为、朱仇美、张海鹏主编:《中国考试制度史资料选编》,黄山书社1992年版,第804页。
29. 《第一届自费留学生应考科目与录取名录》,杨学为、朱仇美、张海鹏主编:《中国考试制度史资料选编》,黄山书社1992年版,第805—806页。
30. 李喜所、刘集林等:《近代中国的留美教育》,天津古籍出版社2000年版,第123—124页。

第五章

归途：抗战胜利后的赴美留学及归国热潮

抗战胜利后出现的留美热，从国际因素看，主要有美国优越的留学环境、美蒋关系的密切以及美国政府和组织对中国学生的大力援助等；国内方面，初期主要是国民政府在战后需才孔亟，于是增大留学生派遣的力度，增多留美选择考试；后期主要是随着内战的加剧和国民政府的溃败，大批青年为了避祸，纷纷自筹资金赴美的缘故。

一、抗战胜利后的留美热

1946 年共有 730 人出国留学，其中 554 人前往美国，占总数的 76%。在随后的 3 年里，国民政府教育部虽未加以统计，但留学生每年在 1000 人以上。据统计，从 1850 年到 1949 年长达一个世纪的时间内，中国留美学生总数为 18400 人，而 1946 年至 1949 年四年间赴美者即达到 5000 人左右，占百年留美学生总数的四分之一以上。

当时的美国是最为理想的留学国度。它虽为参战国，但本土远离战场，未遭到任何破坏。战后经济又得到了迅猛的发展，综合国力大大增强，成为众多国家留学生趋之若鹜的目的地。对比之下，英法两国虽为战胜国，但在“二战”中损失惨重，同时战争期间大批应征入伍的青年、学生，战后复员重新涌入校园，大学里人满为患，无法接纳外国留学生。德日两国沦为战败国，举国上下一片废墟，自然难以前往留学。另外，战后美国对南京国民政府实行扶持政策，为中国留学生提供各种奖学金和助学金等，也促使了留美热潮的形成。[1]

抗战结束，国民政府军政部部长陈诚委派西南联大吴大猷、华罗庚、曾昭抡三人，遴选并率领在数、理、化方面实堪造就的青年学生赴美留学。结果李政道、朱光亚、孙来旺、王瑞駪、唐敖庆五人人选，并于 1946 年 7 月入美。1946 年 7 月，教育部在南京、上海、重庆、北平等九地各设考点，同时举行公费留学考试和第二届自费留学生考试。其中公费应考人数为 3269 人，共录取 148 人，内留美公费生有学冶金之杨纪珂等 33 人；自费生应考人数为 2774 人，录取 1216 人，外加此次公费考试落选而成绩合乎自费录取标准者 718 人，总共录取 1934 人。截至 1947 年 10 月，由教育部发给留学证书者共 1163 人，其中赴美者 1018 人。自费考生录取者中有学历史者唐德刚，学化学者陈茹玉，学物理者邓昌黎等人。公费考试成绩合于自费及格标准者，有学物理之邓稼先、谢希德等人。

抗战胜利后，国民政府为奖励成绩优良之从军青年，特组织从军青年参加1946年度公费生留学考试。计有165人参加，共录取25人，均赴美留学，内有学英文的文学翻译家查良铮等。抗战后期，美国军队来中国参战，国民政府曾征调一批知识青年充当美军翻译。为奖励这些充当翻译的青年，教育部于1947年4月举办了翻译官考试，共录取了97人，大都赴美，内有学文法的李念培等。[2]

1947年4月，教育部公布了《国外留学规则》，再次允许各省市考选公费留学生，"初试得由各省市自行办理，复试统由教育部办理"；留学资格也放开，公私立大学毕业生或专科毕业工作二年以上者，或高等考试及格者，均可报考。[3] 1948年1月，国民政府以外汇支绌为由，宣布暂停公自费留学考试，这标志着国民政府统治时期留学教育的终结。唯国内大学毕业生有以在校成绩优良径行请得国外大学许可证，且有自备外汇者，对此等留学生亦酌予核准出国。自1948年1月起到2月底，依照此项情形出国者已有40人。事实上，从1947年至1949年，每年留美入学人数都在1000人以上，达到近代百年留美教育的最高峰。[4]

这次留美热的出现，受到两个方面因素的影响：其一是抗战时期，国难当头，青年学子不得不压抑自己的出国愿望。抗战胜利后，积压八年的能量一齐释放，预示着一场新的出国热不可避免。其二是抗战胜利后中国又很快卷入内战的漩涡，青年学子深感前途渺茫。这种情况也刺激着人们的出国意向。

据统计,1948年在美国大学的中国学生总计达2710人,分布于全美45个州。翌年,留美学生又增加40%,多达3797人。总计1945—1949年间赴美留学的中国学生在5000人以上。这一时期的留美学生经过八年抗战的磨炼,更趋成熟。他们大多已走出校门多年,年龄偏大,社会经历复杂,其中有大学教授、中学校长、研究人员、公务人员、技术人员、银行职员和自由职业者。这场留美热潮最后随着国民党政府的垮台和新中国的建立而告终。

1949年后,随着东西方"冷战"格局的逐渐形成,大陆中国人留学欧美资本主义国家的渠道中断。在20世纪五六十年代的时势下,出国留学由国家统一控制,"文化大革命"开始后,留学教育实际上完全中止。[5]

二、留美科协与北美基督教中国学生会

在中国留学史上,新中国诞生前后海外留学生纷纷归国的壮举,汇成第三次归国大潮。这次回国潮从1949年持续到1957年。八年间回国人数总计在3000人左右,约占新中国成立前后海外留学生总数的一半以上。1957年以后,因国际局势的紧张和国内反右派斗争的影响,归国潮趋于消退。其中,留学美国的青年学生和科技工作者,于1949年6月至1950年9月,组织成立了"留美中国科学工作者协会"(简称留美科协)。留美科协为动员大批留学生归国,

参加新中国建设发挥了重要作用。

20 世纪 40 年代中期，国民党政府与美国政府协议派遣了大批学生和技术骨干去美国留学和实习，前后约有 1000 多人，加上以前出国留学的，人数更多。这是一批很重要的工作对象，中共南方局对于做好这些人的工作十分重视。在南方局的指示下，计苏华、徐鸣、赖亚力、兰毓钟、薛葆鼎等一批年轻的共产党员先后通过官方考试，以学生护照或官方护照留美，在留美学生中开展活动。1944 年初，周恩来亲自与计苏华谈话，明确指示他应设法到外国去深造。周恩来高瞻远瞩地指出："党不仅需要政治家，也需要自己的科学家、专家，而且从现在起就需要注意培养。"他并指示计苏华："要联络思想进步，倾向共产党的理、工、农、医科大学生，争取机会，出国学习科学，掌握科学。……也许有人出去了一时不肯回来，那也不要紧。水归大海，叶落归根，只要我们的工作做得好，他们是会回来的。"[6]

1945 年夏，董必武到美国旧金山出席联合国成立大会，会后到纽约主持了中国共产党在美国的组织整顿工作，建立了以"星五座谈会"为代号的领导小组。该领导小组由多年在美国负责华侨工作的徐永瑛、唐明照、任《大公报》国际新闻记者的杨刚，以冯玉祥秘书主任身份官费留学的赖亚力以及以学生身份留美的徐鸣组成。领导小组以纽约为中心，定期座谈国际国内形势，安排留美的中共党员和进步群众的工作，利用进步团体与《华侨日报》社论宣传中共的方针政策，动员进步人士、进步专家直接返回解放区，并以多种形式与国内保持联系。

1946 年初，薛葆鼎到美国后，与纽约的徐永瑛、赖亚力、徐鸣取得了联系，并接受了任务：先与同批留美技术官员一起实习，找机会进研究生院争取较长时间居留，深入了解美国的社会政治经济情况，再到纽约集中，加入经董老整顿建立的领导小组，分工负责中共在美团结科学技术人员的工作。[7]

1946 年上半年，中国科协总干事涂长望到美国推动组织中国科协美国分会；回国后又写信给在芝加哥任教的葛庭燧，请他帮助促进美国分会的成立。但是由于留美科技人员流动性大、分布又广，短期内组织一个志趣相投、覆盖全美的科协团体，尚缺乏一定的组织基础。后经中共在美工作领导小组研究决定，先以小组形式发展为区域性的中型组织，再扩大成立横跨美国东西两岸的大型科协组织。

1946 年初至 1947 年夏，薛葆鼎在匹兹堡与留美科技人员兰毓钟、杨锦山、侯祥麟、陈冠荣、李恒德、傅君诏、褚应璜等组成工作小组，取名为“建社”。据薛葆鼎回忆：他去美国时，周恩来曾指示，要把分散在美国各地的党内同志和爱国者组织起来，成立一个进步团体——“建社”，作为成立留美科学工作者协会的筹备机构。他说“建社”这个名字是周恩来亲自定的，意思是建设社会主义。是年 12 月，以匹兹堡、纽约两个“建社”小组为基础，在纽约东 66 街举行了在美

“建社”成立大会。“建社”社员计苏华、陈冠荣、侯祥麟、杨锦山、傅君诏、李恒德、褚应璜、钱保功、张大奇、茅於宽、张炜逊等人出席了会议。会议由薛葆鼎主持，陈翰笙应邀到会作报告，他预见性地讲解了祖国在人民取得政权后的工农业生产方式、工业化建设步骤、建设资金来源等当时的热门话题。随着解放战争形势日趋明朗，“建社”积极筹备全美性质的科协团体，以便从半公开到公开动员更多的高级科技人员回国，迎接革命胜利，准备建设祖国。此后，涂光炽、葛春霖在明尼苏达组织了“明社”；丁瓒、葛庭燧等在芝加哥组织了“中国问题座谈会”，命名为“芝社”。[8]

1948年底，葛庭燧、侯祥麟、计苏华、葛春霖、丁儆、涂光炽等在芝加哥开会，决定在美国中西部组织“美中科协”，开展一些活动，并与各地联系，推动各地区分会的成立，待条件成熟后再扩大为全美性质的科协组织。1949年1月16日起草了《美中科协章程草案》，分寄各地征求意见，还专程去征求著名科学家华罗庚的意见。1月29日，美中科协在芝加哥召开成立大会，伊利诺伊、威斯康星、密歇根、印第安纳、明尼苏达等地的代表葛庭燧、丁儆、顾以健、涂光炽等20余人到会。侯祥麟专程从匹兹堡乘飞机到芝加哥参加成立大会，带去关于协会名称的意见。会议结束后，他又飞往纽约赶去参加商议成立美国东部科协的会议。经大会讨论决定，由葛庭燧、葛春霖和丁儆等人组成干事会。葛庭燧总负责，丁儆负责编辑《美中科协通讯》。从《美中科协成立记》里的文字可以感受到当时年轻留学生的爱国心："一月二十九日，正是农历新正，无论散布在世界哪一角落的中国人，都不会忘了这年节，尤其今年，一个新中国眼看即将诞生了，展望前途，希望和兴奋在每一个中国人胸中燃烧。啊！新年，新中国，人民世纪的新纪元，真是万象更新！"[9]

1949 年 6 月 18 日，留美中国科学工作者协会代表大会在匹兹堡召开，13 个区会的代表 50 人参会。会议通过宣言《我们的信念和行动》，正式宣告留美科协成立。会议选举葛庭燧为大会主席，决定本届干事会议设在美国东部。留美科协是一个松散的组织，没有专职人员和固定场所，也没有活动经费，唯一联系各地分会和会员的，是在费城编印发行的《留美科协通讯》。留美科协成立后，一项主要活动是发展会员，建立区会。1949 年 8 月，美国西岸的留美科技人员金荫昌、谢光道等组织了"留美科协旧金山海湾区会"和"留美科协洛杉矶区分会"。美国西岸的这些科协组织在之后帮助留美高级科技专家过境回国的过程中起了重要作用。此外，留美科协的工作中心是集体学习科学技术，为回国参加建设工作做准备。1950 年春，已建立起水利、金属、油脂、动力工程、科学方法、陶瓷、药物化学、农业经济、土木、电工、医药、工具、燃料、地质、造纸、石油、制糖、物理化学、数学、物理等共 20 个学术小组。《留美科协通讯》每月一期，内容主要有各地分会活动报道、各学术组活动、总会信息等，重点报道国内情况，转载解放区或香港进步报刊的文章。

开展回国活动是留美科协最为重要的一项工作。新中国成立后,党中央希望海外留学生尽快回国参加新中国的建设工作。留美科协响应国内的号召,于 1950 年 3 月 18 日至 19 日举行了第二次理监事联席会议,决定:"本会会员应该立即响应国内政府、人民、科学工作者的号召,在最近日期内回国,投身于新中国的建设工作。"[10] 6 月,留美科协常务理事丁儆在芝加哥附近主持召开年会,到会会员达 127 人,年会中心内容是进一步推动高级科技专家回国运动,会议还决定扩大美国西岸为会员过境回国的服务工作。这次年会进一步推动了留美学生的回国运动,在 1950 年下半年形成了留美学生回国的高潮。朝鲜战争爆发后,美国国内反共势力高涨,美国政府千方百计阻挠中国留学生返回新中国。不过,大多数的留美学生和在美科技工作者为了争取回国参加新中国的建设工作,宁愿放弃优厚的待遇和获得更高学位的机会,有的绕道欧洲回国,有的搭乘到美国的欧洲商船回国。更多留学生经过奔走呼吁,得到美国友好人士的帮助,终于在 1950 年秋有 130 多名留学生经香港回到祖国,以后,又有 80 多名留学生回国。

随着美国国内麦卡锡主义的蔓延,留美科协被美国列为非法团体,已无法公开活动。1950 年 9 月 19 日,留学科协发出通告,宣布即日起解散,通告最后说:"我们愿在此重申本会之期望作为结束,希望各同学早日学成归国,不久的将来,我们在祖国再见!"[11]

睁眼看世界　赴美

第　　五

1950年留美中国科学工作者协会芝加哥年会各区会代表合影。前排右1至右6为金荫昌、刘静宜、彭兆元、冯平贯、邓稼先、梅祖彦，左1为朱淇昌，左2为李恒德；后排右1为涂光炽，右3为丁儆，左1至左3为黄葆同、兰天、萧森山

北美基督教中国学生会最初受基督教会支持，有其悠久历史和传统，是一个以联谊、服务、自我教育为宗旨的中国学生团体，它包括广泛自愿参加的中国留学生，也包括不少华裔的学生青年。抗战胜利后，众多来自沪宁、平津和原大后方城市大学的中国留学生，大多怀着盼望祖国独立、富强的爱国情怀，有着追求事业的理想和求知的渴望。他们来美后，迫切需要交友联谊和共同求索，在他们的参与和倡导下，北美基督教中国学生会的活动焕发出活力，更适应了时代发展的步伐。

在全盛时期，参加该会活动的会员有 1000 人。在全美十多个中国留学生最集中的城市，建立有该会的地方支会：美东部的纽约、波士顿、哈特福特，美中西部的芝加哥、伊利诺伊州、明尼苏达州、密苏里、克利夫兰、安阿伯、东兰辛、威斯康星州、艾奥瓦、印第安纳州，美西部的加利福尼亚州等。东、中、西又分为三个地区的组织，每年通过暑期集中的聚会时机，民主选出地区下一年度的工作班子。全国委员会的领导工作班子，也由全国会议选举产生。该会的总干事（称总书记）负责该会的日常事务，由赞助该团体的美国基督教联合组织，聘请由教会方面推荐的中国人士担任。从 1947 年到 1951 年，总干事先后由加拿大籍爱国华裔林达光、哥伦比亚大学师范学院硕士郭秀梅、上海圣约翰大学主教孟繁俊担任。[12]

睁眼看世界　赴美

第　　五

1949 年举行的北美基督教中国学生会中西部夏令会集体合影

三、新中国成立后的留学生回国热潮

新中国成立后，在美留学生回国的势头增强，1950 年上半年达到高潮。1950 年暑假，北美基督教中国学生会以“建设一个新中国”为主题，在东部与中西部先后召开夏令会。《华侨日报》负责人唐明照，应邀前往中西部夏令会作了时事形势和新中国政策的报告，与会同学受益匪浅。自 1949 年 9 月起到 1951 年 6 月美国当局禁止中国留学生回国止，约有 20 批留学生回国，每批回国的人数从数十人到一百数十人不等。著名的妇产科医生严仁英和她的丈夫王光超，1949 年 9 月从美国回国，10 月 1 日在船上听到了中华人民共和国成立的新闻，欣喜若狂，在船上集会庆祝。当时众多留美学生搭乘的轮船主要是往来于美国和香港的“威尔逊总统”号和“克利夫兰总统”号，到达香港后留学生再换船到天津或广州，航程近一个月。[13]

1950 年 6 月，朝鲜战争爆发。10 月，中国派遣人民志愿军入朝，美国国内的反华气氛激增，麦卡锡主义不断抬头。自 1950 年下半年开始，美国当局对参加爱国活动的中国留学生不断施压，美国国务院和司法部认为留学生参加的北美基督教中国学生会和留美科协两个组织属于“颠覆性的组织”。纽约北美基督教中国学生会支会暨纽约留美科协分会负责人之一的黄葆同，于 1951 年春被美国移民局以“签证过期”为由关押在纽约港口艾利斯岛。总干事孟繁俊奔

第 五

1950 年 8 月 31 日，乘美国总统轮船公司的“威尔逊总统”号回国的留美学者、学生合影

走联系美国教会等各方人士予以营救。至1951年初夏，北美基督教中国学生会联合东、中、西三个分会的负责成员，集会商议，为了保护团体会员们的平安，宣布自行解散，同时发出《告同学会》。

新中国的火箭专家梁思礼，也是梁启超最小的孩子，1941年11月与姐姐梁思懿同船，离开上海赴美留学。17岁的梁思礼先在美国卡尔顿学院学习了两年，后转学到以“工程师摇篮”著称的普渡大学学习电机工程，获得学士学位后进入辛辛那提大学攻读硕士和博士学位。1948年暑假，梁思礼前往纽约探望姐姐梁思懿时，姐姐带他参加了美国东部的北美基督教中国学生会组织的夏令营。夏令营除了组织联欢晚会、唱歌、演话剧外，还组织演说和辩论会。通过这次夏令营，梁思礼在思想上有了收获和提高，同时结识了许多爱国的进步同学。此后，梁思礼又参加了北美基督教中国学生会中西部分会组织的1949年夏令营，当时很多留学生互相鼓励回国参加新中国的建设。留美科协也同时在夏令营中做工作，发展会员，动员回国，梁思礼也参加了留美科协。是年夏，梁思礼在辛辛那提大学获自动控制专业博士学位，决定尽快回国。9月，他与姐姐梁思懿一家一起乘坐“柯立芝总统”号邮轮启程回国，他曾回忆航行途中发生的一件大事：

我们预感将会有重大新闻播放。我拿出身边的高灵

> 敏短波收音机爬到船的高处架上天线，仔细调收来自亚洲的节目。此时船正航行在接近亚洲的太平洋海域。一轮红日正从海面上升起，忽然，一条充满激情的新闻传入我耳中。“中华人民共和国成立了！……中国人民从此站起来了！……”原来这正是 1949 年 10 月 1 日开国大典的盛况的报道。我立即把这个振奋人心的大喜讯告诉大家，船上一片欢腾。新中国像一个巨大的磁铁吸引着一批又一批的爱国留学生归国。[14]

路过香港时，由留美科协介绍前往拜访香港中文大学的曹日昌教授，由他向北京科协的负责同志介绍梁思礼回国参加革命和建设工作。一个多月的航行结束后，梁思礼和姐姐梁思懿一家从香港乘船回到天津，在码头上迎接他们的是阔别八年、白发苍苍、含着眼泪的母亲，正如饱受苦难的祖国张开双臂欢迎海外游子的归来。梁思礼暗暗发誓：“我们要把我们的一生奉献给祖国，为改变她贫穷落后的面貌，为她的独立、强盛、繁荣而奋斗。”[15]

1949 年 9 月 22 日，上海学联曾派数十名代表在公和祥码头等候海外留学生及圣约翰大学教授们等 65 人乘坐美国轮船公司“戈登将军”号归沪。然而，当船靠岸时却没有看到被欢迎者登陆，才知因美方阻挠，这些留学生都在香港被强迫上岸。这些渴望回沪的留学生之前还致电陈毅市长，希望指示及协助如何在上海登岸，而不在香港登岸。在得知他们被迫在香港登岸后，陈毅市长还去电希望他们设法回到上海来。欢迎人员在没有接到人并得知真相后十分的愤慨，号召大家参加“和平斗争日”示威游行。

西方国家的阻挠并不能阻止海外赤子归国的步伐，他们怀着留学报国的信念，放弃了国外优越的条件，冲破重重阻力，毅然决然地踏上了回国征程。上海成为他们重要的中转站，也是他们中一些人为新中国服务的落脚点。他们以极大的热情投入上海各项事业建设中，为祖国国防科技的进步、文化教育的转型、经济社会的发展做出了重要贡献。[16]

1950 年 12 月 4 日，从美国归来的原子物理学家赵忠尧教授抵达上海，终于踏上了祖国的土地。他从美国乘坐邮轮，在途经日本时与同行的留学生一起被美军扣押，随身携带的行李多被没收。在中国政府和人民以及国际科学界同行的声援下，他们才最终获得释放，并经香港回到上海。回国后赵忠尧主持建立核物理实验室，成为中国核物理研究的开拓者。新中国成立后，百废待兴，急需各种专业人才，特别是那些有西方留学背景的理工科专业技术人才。然而，由于以美国为首的西方国家的封锁与阻挠，海外留学生想要回到祖国困难重重。[17]

曾任上海复旦大学校长多年的谢希德，也是在 20 世纪 50 年代突破重围，从海外归来参加新中国建设的。1946 年秋，谢希德考取赴美自费留学，翌年进入美国史密斯女子文理学院攻读硕士学位，两年后进入麻省理工学院攻读物理

旅美原子物理学家赵忠尧（左 3）等一行九人于 1950 年 12 月回到上海时受到各界人士热烈欢迎

学博士学位，并于 1951 年秋获得博士学位。是年春，谢希德的未婚夫曹天钦在英国剑桥大学获得博士学位，两人原先约定在美国举行结婚仪式，然后一起回国。不料，随着朝鲜战争的爆发，美国移民局在 1951 年下半年颁布了一项规定，凡在美国攻读理工科的中国学生，一律不得返回中国大陆。经过商讨，谢希德决定申请去英国，然后取道回国。在剑桥大学李约瑟教授的援助下，谢希德获得了一张特殊的“旅行通行证”，顺利进入英国。1952 年 8 月底，经过一段时间的奔波，谢希德曹天钦夫妇终于告别剑桥，登上“广州”号海轮离开英国，经过苏伊士运河、印度、新加坡、香港达到深圳。谢希德曾回忆归来的心情：

“五星红旗迎风飘扬，胜利歌声多么嘹亮，歌唱我们亲爱的祖国，从今走向繁荣富强……”离深圳码头只有

谢希德在美国麻省理工学院住所前

几十米了，我听到了岸上扩音器传出雄壮的歌声，心中激起翻滚的波涛。这次从美国取道英国之行，经历不少曲折，耗费许多精力，回国的目的总算达到，心中有说不出的高兴。随后，我们来到祖国南方的大都市广州，从那里转车奔赴上海。

列车在上海火车站一停下，我们就看到上海生理生化研究所的同志们到车站迎接。我们的心都向往北京，在上海只作短暂逗留，便又风尘仆仆踏上北去的列车，探望久别的继母、弟弟们和天钦的父母。从北京返沪时，正值全国高等学校进行院系调整，交通大学物理系大部分并到复旦，11 月中旬，我便到复旦大学报到，从此在教学和科研战线上开始紧张的工作。1956 年 5 月，曹天钦和我在同一天分别由所在单位的党支部吸收为中共党员，我们在政治上获得了新的生命。[18]

1983 年，谢希德被任命为复旦大学校长，负责学校的全面工作。

纵观这次归国潮，其间既有惊涛拍岸的激流，也曾出现过漩涡和逆流。早在 20 世纪 40 年代后半期，周恩来和董必武领导下的中共中央南方局以及后来的上海局、南京局和香港分局，就十分关注海外留学生的工作。1947 年冬，国内解放战争形势日趋明朗，中共通过纽约《华侨日报》多次发表社论，号召留美科技人员直接回解放区为建设新中国做准备。1949 年夏，周恩来指示，以动员在美留学生和高级科技专家回来建设新中国作为旅美进步团体的中心任务，这一指示直接推动了这次回国潮的兴起。中华人民共和国成立后，中央人民政府教育部与有关部门和团体迅速于 12 月 13 日组成了“政务院办理留学生回国事务委员会”，专门负责联系和接待由世界各地回国的留学生。12 月 28 日，北京人民广播电台向国内外广播，号召海外留学生回国参加伟大的建设工作。与此同时，中央教育部印发《中国留学生调查表》和《欢迎回国证》，通过各种形式和渠道转发到国外留学生手中。留学生们可凭回国证向所在国政府交涉，办理回国手续。

祖国在召唤,人民在期待。在进步同学的引导下,在世界各国的大批中国留学生,尤其是留美学生,没有辜负祖国的期望,陆续踏上了归国之途。相当多的海外学子冲破重重险阻,历尽千辛万苦,最终如愿以偿地踏上了新中国的土地。他们的爱国精神和行动永远令人敬佩和缅怀。[19]

注释

1. 李喜所、刘集林等:《近代中国的留美教育》,天津古籍出版社 2000 年版,第 125 页。
2. 李喜所、刘集林等:《近代中国的留美教育》,天津古籍出版社 2000 年版,第 126 页。
3. 《国外留学规则》(1947 年 4 月公布),杨学为、朱仇美、张海鹏主编:《中国考试制度史资料选编》,黄山书社 1992 年版,第 792 页。
4. 李喜所、刘集林等:《近代中国的留美教育》,天津古籍出版社 2000 年版,第 127 页。
5. 王奇生:《留学与救国:抗战时期海外学人群像》,广西师范大学出版社 1995 年版,第 14 页。
6. 傅琳:《留美科协成立始末》,中国革命博物馆编:《中国革命博物馆 50 年论文集》,海天出版社 2001 年版,第 262 页。
7. 傅琳:《留美科协成立始末》,中国革命博物馆编:《中国革命博物馆 50 年论文集》,海天出版社 2001 年版,第 263 页。
8. 傅琳:《留美科协成立始末》,中国革命博物馆编:《中国革命博物馆 50 年论文集》,海天出版社 2001 年版,第 264 页。
9. 丁儆、傅君诏:《回忆“留美科协”》,全国政协暨北京上海天津福建政协文史资料委员会编:《建国初期留学生归国纪事》,中国文史出版社 1999 年版,第 5—6 页。
10. 丁儆、傅君诏:《回忆“留美科协”》,全国政协暨北京上海天津福建政协文史资料委员会编:《建国初期留学生归国纪事》,中国文史出版社 1999 年版,第 10 页。
11. 丁儆、傅君诏:《回忆“留美科协”》,全国政协暨北京上海天津福建政协文史资料委员会编:《建国初期留学生归国纪事》,中国文史出版社 1999 年版,第 12 页。
12. 陈一鸣、陈秀霞:《情系祖国　心系人民——忆北美基督教中国学生会的爱国活动》,全国政协暨北京上海天津福建政协文史资料委员会编:《建国初期留学生归国纪事》,中国文史出版社 1999 年版,第 15—16 页。
13. 陈一鸣、陈秀霞:《情系祖国　心系人民——忆北美基督教中国学生会的爱国活动》,全国政协暨北京上海天津福建政协文史资料委员会编:《建国初期留学生归国纪事》,中国文史出版社 1999 年版,第 27 页。
14. 梁思礼:《太阳最红　祖国最亲》,全国政协暨北京上海天津福建政协文史资料委员会编:《建国初期留学生归国纪事》,中国文史出版社 1999 年版,第 101 页。
15. 梁思礼:《太阳最红　祖国最亲》,全国政协暨北京上海天津福建政协文史资料委员

注 释

会编:《建国初期留学生归国纪事》,中国文史出版社 1999 年版,第 106 页。

16. 中共上海市委党史研究室编:《上海相册: 70 年 70 个瞬间》,上海人民出版社 2019 年版,第 25 页。
17. 中共上海市委党史研究室编:《上海相册: 70 年 70 个瞬间》,上海人民出版社 2019 年版,第 25 页。
18. 谢希德:《海外归来参加祖国建设》,陶人观主编:《师表: 谢希德纪念集》,《上海文史资料选辑》第 97 辑,上海市政协文史资料编辑部 2000 年版,第 90—91 页。
19. 王奇生:《留学与救国: 抗战时期海外学人群像》,广西师范大学出版社 1995 年版,第 19 页。

第六章

舵手：留美学生与上海建设

民国时期，赴美留学生的数量相当可观，回国的留学生们在各自领域多有建树，成就斐然。曾在新中国成立初期担任上海市副市长的韦悫几乎不为人知，他的留美生涯与传奇人生值得怀念。作为大上海的规划师，赵祖康则为新上海的建设呕心沥血，付出了毕生精力，他在国民党政府垮台前夕，毅然决然地留在了上海，作为代理市长，他将旧政府的印章递交给上海解放后的首任市长陈毅，交接工作得以顺利完成。留美学人陈鹤琴则将人生的最好年华奉献给了上海的教育事业，他的子女也踏着这条归途继续奉献于上海。作为上海建设的舵手，他们不该被遗忘。

一、上海市副市长韦悫的传奇人生

1949 年 5 月，上海解放，韦悫被任命为上海市副市长。韦悫曾留学美国，并获得芝加哥大学哲学博士学位，20 世纪二三十年代在上海从事政治与教育活动，曾任上海特别市教育局长。抗战后期，转入苏皖边区从事革命活动。既是留美博士，又是中共党员，韦悫的二重身份在中共历史上并不多见，他那渐渐被遗忘的传奇人生依然值得纪念。

韦悫（1896—1976），广东香山人，原名乃坤，别号捧丹，笔名普天。他生在中日甲午战争之后，其父韦樵苏为中医。韦悫幼年时由祖母陈玉琼抚养。六岁开始读书，1905年进南武中学附设两等小学，后又升入中学，成绩优异。南武中学校长何剑吾是富有改革精神的教育家、革命党人，同盟会成员，他给韦悫以深刻的影响。中学求学期间，韦悫和同学创办校刊《嘤求集》，并用“普天”笔名发表文章。由于何剑吾的教导和影响，韦悫少年时便参加了同盟会，之后参加了辛亥革命。他不仅在学校里开展许多公开的和秘密的宣传和通讯联络工作，而且参加了炸死广州将军凤山的革命活动，遭到当时两广总督张鸣岐的搜捕。[1]

辛亥革命后，孙中山曾通过广东都督胡汉民准备派韦悫等3位青年赴英留学。由于袁世凯篡夺了革命政权，二次革命爆发，赴英计划未能实现。在此期间，韦悫积极参加了讨袁的宣传工作。二次革命失败后，要为建设一个新社会积累经验与学识，韦悫出国留学的心情更为迫切。彼时赴欧洲勤工俭学大潮正波涛汹涌，韦悫决定到英国勤工俭学。1914年2月7日，韦悫等6人乘船赴英，于3月28日到达伦敦。先到离英国东南海岸多佛尔东北不远的代耳学校专习英文、物理、数学和法文，为取得入大学资格做准备。1915年2月取得格拉斯哥大学入学资格。该大学以工科称著,韦悫选学机械工程。不久,第一次世界大战爆发,欧洲战云密布,英国对德宣战后,空气十分紧张,不适宜读书,加之家中又汇款困难,于是,他决定转往美国。

1915 年 3 月,韦悫从利物浦乘船前往美国。其时因不是学期开始,他为了能够与美国人生活在一起,到了俄亥俄州的一个小镇,并开始学习德文。是年夏季,入俄亥俄州奥柏林学院,因他英文程度高,选了一般美国学生所学的学程,学校当局承认他在英国所修习的一部分学程。这个时期,其思想起了变化,开始重新考虑是否继续学习机械工程专业。他认为"实业救国"的道路未必走得通,而思想改造和社会科学更为重要,于是决定研究哲学和社会科学。照美国文理学院的惯例,学生可选定主系和副系。韦悫决定以哲学为主系,政治学为副系。1918 年 6 月毕业,得文学士学位。从奥柏林学院毕业后,由美国基奇教授的介绍,入芝加哥大学研究院研究政治和社会哲学。芝加哥大学的学年分春、夏、秋、冬四季,极为便利。韦悫每季都得到研究院的奖学金。翌年,根据韦悫在奥柏林和芝加哥的学业成绩,获得了中国教育的公费。在这段研究生的生活中,他除了研讨各种政治、社会和教育的理论与制度外,最大的收获是学会了如何研究问题。1920 年 6 月,他在芝加哥与华侨梅宗周的女儿梅美恩结婚。同年冬季,从研究院毕业,得哲学博士学位。在美国留学期间,韦悫是留学生中的一个很活跃的分子,曾任中国留学生中文季刊和英文月刊的编辑,并在季刊上发表过一篇关于汉语拉丁化方案的文章。他还曾被选为留美中国学生会中部分会会长和芝加哥中国学生会会长。[2] 1921 年 1 月，韦悫结束了七年的留学生活，从加拿大温哥华乘船返回祖国。回国后，他在广州岭南大学讲授政治学和哲学，并在广州高等师范学校讲授教育哲学和心理学。同年 5 月，孙中山在广州成立正式政府，就任非常大总统。孙中山委任韦悫为护法政府外交部秘书兼做孙中山的秘书。

1921 年 8 月 6 日，蔡元培应北洋政府教育部电请，到檀香山出席太平洋教育会议。8 月 11 日，至夏威夷上议院议事厅参加大会开幕式，会上有中国代表五人，为北京大学代表蔡元培，南方政府代表韦悫、谢已原，江苏教育会代表林士谟，夏威夷大学汉文历史教授王天木。8 月 12 日，蔡元培在大会发表演说，由韦悫译为英语。8 月 18 日，檀香山华侨举行宴会，招待出席太平洋教育会议的各国代表，韦悫与中国四代表应邀出席。8 月 19 日，参加太平洋教育会议闭幕式，下旬，乘轮船返国。[3]

1922 年 1 月，中国共产党早期著名的工人运动领导人苏兆征领导香港海员大罢工，韦悫与苏同乡，曾协助苏办理海员罢工同英帝国主义交涉事项。6 月，陈炯明勾结英帝国主义和直系军阀，背叛孙中山，使孙中山蒙难，移居中山舰（原名永丰舰）。宋庆龄和外交部部长伍廷芳避居岭南大学，伍廷芳住韦悫家里。1923 年秋，孙中山得到滇军和部分桂军的拥护，把陈炯明赶走，重返广州设大本营。韦悫在大本

蔡元培(中)等中国代表出席檀香山太平洋教育会议时合影，左 1 为韦悫

营任外交工作，有更多机会熟悉孙中山、宋庆龄以及卫士马骧、黄惠龙。他继陈独秀、陈伯华之后兼任广东全省教育委员会代理委员长，该委员会取消后，改任市政府参事。同时，他仍在岭南大学兼课。

1924 年 1 月，在中国共产党帮助下，孙中山在广州召开了有共产党员参加的国民党第一次全国代表大会，通过宣言，确定了联俄、联共、扶助农工的三大政策，改组了国民党，实现了国共合作。当时，共产党员云集广州，韦悫认识了张太雷、恽代英等中国无产阶级革命家和越南革命领袖胡志明、第三国际及苏联共产党的代表。1925 年毛泽东在广州主持农民运动讲习所时，韦悫曾与之畅谈了一个多小时。由于毛泽东的启发和廖仲恺的帮助，韦悫曾到广东中山做农民运动工作。[4]

1925 年 6 月初，韦悫由苏兆征介绍加入中国共产党，但未履行正式入党手续。1925 年孙中山逝世后，在中国共产党的推动下，国民政府成立，韦悫任外交部秘书兼国际司司长，后兼任教育行政委员会委员。1926 年 11 月初，韦悫与宋庆龄、邓演达和苏联顾问等随同国民革命军第四军一支部队和国民政府人员第一批北上，到达南昌。之后，韦悫经常往返于南昌、武汉之间，办理前方的外交（收回九江、汉口租界等）和教育事宜。1927 年 1 月，随着北伐战争的顺利发展，国民政府全部从广州迁至武汉，韦悫写了《国民政府教育方针草案》，经当时国民政府教育行政委员会大会通过，在报上发表。

1927 年四一二政变后，韦悫在 5 月初离开武汉到上海，拜访蔡元培。蔡告诉韦悫："蒋介石已着手另行组织政府，并准备大规模清党，你也是清党对象之一。"他建议韦悫从速离开上海到外国去。接着，韦悫到苏联领事馆找到共产国际的斯坦恩和麦可夫斯基，他们也建议韦悫先到加拿大去。后来韦悫找到苏兆征，商量结果，据他回忆是："他同意我出国，认为我有华侨关系，到美国也很好。"就这样，韦悫在苏联顾问和蔡元培的帮助下，共筹得旅费美元 2000 元，于 6 月初乘船赴加拿大温哥华。[5]

离开中国后，韦悫仍十分关切中国的革命和中国的教育改革，利用在欧美各国之便，一方面发表演说公开宣传介绍我国大革命情况，另一方面注意收集这些国家在教育改革上的最新资料。他到温哥华的时候，正值国际教育团体会议在多伦多召开。韦悫以中华教育改进社社员的资格出席会议，参加交换各国教育信息。闭会后，经美国盖索介绍，到美国马萨诸塞州威廉斯镇参加太平洋政治研究会，讨论远东政治问题。韦悫在这个会上作了关于中国大革命情况的报告，揭露帝国主义者侵略中国的事实，指出收回租界和废除不平等条约的必要性。当时，美国各报纷纷转载了韦悫的发言，引起了读者的普遍注意。

离开威廉斯镇后，韦悫先到纽约州，考察该州的教育行政制度，后到华盛顿搜集当时教育的最新资料。此间，并通过中国驻美公使施肇基的介绍，得与美国副国务卿约翰逊会晤，讨论取消不平等条约的问题。10月中旬他离开华盛顿到法国巴黎，搜集当时法国的教育资料，并与法国政、学两界人士会晤，谈论我国大革命和废除不平等条约问题。之后又到柏林，考察德国教育情况。11月中，又从柏林到伦敦。在伦敦期间，韦悫曾应邀到伦敦大学、利物浦大学、牛津大学讲学。不久，韦悫接李锦纶电报，称苏兆征要他马上回到广州。于是，按苏的指示，韦悫于1927年12月中乘船回国。

1928年2月，韦悫到达香港时，广州起义已经失败，妻子儿女因此逃往香港避难。回国后，韦悫到上海，接受共产国际罗可夫的建议，从事教育工作。

在上海特别市市长张定璠、大学院院长蔡元培的支持下，1928 年 4 月 2 日，韦悫就任上海特别市教育局局长。上任的第二天，他即发表讲话曰："教育行政机关，应有专业化、学术化的精神，方有良好结果。" 4 月 10 日，他在就职典礼上宣布誓词，决心"勤慎从公，廉洁自守"，不仅决不营私舞弊，而且要"以客观的态度，用科学方法来整顿"、改进上海教育。此后，在他的擘画经营下，上海特别市教育局开展了大量实际工作，其最要者如：在全市学校大力推进智力测验，以之为改进本市教育的根据；举行分科指导，注重实地调查；推广民众教育，致力教育普及；添设幼稚园，扩充学前教育；推行升学指导，倡导科学教育。鉴于"教学问题是教育的重要问题"，"许多实际的教学问题还要在学校里实地研究"，在韦悫的主持下，上海特别市教育局 1928 年 11 月创办《教学研究》月刊杂志，研讨教学中的实际问题。1929 年 1 月，制定《上海特别市教育设计》，"尤注重于高等教育与社会教育：前者所以增高市民学识，为全市造就专门人才；后者所以普及市民教育，为全市提高文化程度"，成为当时上海开展教育建设的依据。 3 月，在韦悫的支持下，上海特别市教育局创办《上海特别市教育局月刊》，以"研究学术，介绍新知，力求教育行政的学术化"。 5 月 25 日，国民政府准许韦悫辞去上海特别市教育局局长，由陈德徵继任。[6]

1929 年 4 月，韦悫到大学院任社会教育处处长、中央大学区普通教育处处长、中央大学教育学院院长，后任上海青年会中学校长。该中学是当地的著名中学之一，有悠久的历史。韦悫任校长后，实行他向来提倡的“行验教学法”。除普通科目外，有分组的职业选科，如应用化学组、会计组、文书组、电力组等。并设有职业夜校。经过改组，该校成为上海市成绩最优良和设备最完备的中学之一。1930 年 2 月至 1942 年 6 月，韦悫兼任复旦、光华、暨南、大夏等大学教授。1932 年夏，他应商务印书馆总经理王云五之聘，任商务印书馆编审部主任。繁忙工作之余，他仍时有关于主张停止内战、国共合作抗日等时事和教育文章在杂志上发表。1935 年前后，他常与中国人民救国会负责人，特别是邹韬奋来往。1932 年至 1936 年间，他撰写了《整顿教育的先决问题》（1932 年）、《我们应该怎样？》（1933 年）、《中日问题的管见》（1936 年）、《目前维护中国统一的基本政策》（1936 年）等文章。

1937 年全民族抗战爆发后，韦悫积极参加抗日救国的各种活动，在上海参加了中国共产党领导的地下斗争。他是上海党组织领导的《译报》董事会成员。《译报》被迫停刊后，党组织又创办了《每日译报》，韦悫与梅益、王任叔等一起任编辑部负责人。韦悫还是星期二聚餐会的基本骨干力量之一。星期二聚餐会是中共开展上层统战工作，扩大政治影响，推动进步爱国活动的重要基地。它采用聚餐、茶会等方式，定期集会，讨论时局，对文化界人士做统战工作，向他们宣传党的抗日民主方针政策，团结争取他们参加抗日民主工作，遇有重大事情发生，便以群众团体名义发表宣言、声明或通电。主张组织联合政府，积极抗战，实行宪政，实行民主制度，打击汉奸和反共的反革命势力。许广平也参加了该会。例会一直坚持到1941年底。由宋庆龄发起和直接领导的保卫中国同盟上海分会的主要工作是接济八路军和新四军，他们筹募现款、药品和其他装备估计约十余万元，由韦悫与新四军沈其震接洽交付。这个时期，韦悫在上海的大学任有教职，他还在任课大学向学生宣传中国共产党的抗日民主方针政策，争取他们到解放区学习、工作。他还发起组织宪政促成会，并到各团体演讲。当时在上海开展工作相当艰苦，有国民党的仇视，有敌伪的威胁。

新四军军长陈毅和副军长张云逸得悉后，要韦悫结束上海的工作，到新四军所在的解放区去。1942年底，韦悫离开上海，到苏北和皖东北的抗日民主根据地任江淮大学校长。他回忆说："我离开上海以前，新四军首长交给我的任务是做新四军首长决定创办的江淮大学校长，争取上海的知识青年来解放区学习，参加革命工作。"江淮大学是一所缔造艰难，在战争环境中诞生的新型学校，学生由地下党负责找来。当时环境十分艰苦，由于日伪扫荡频繁，学校时常辗转迁徙，先后在江苏盱眙县新铺和宝应县仁和集上课。韦悫提出以"劳动、学习、为人民谋福利"作为校训。在党的领导下，他历尽艰辛，从物色教员、察视校舍、课程设置和思想教育等各方面努力做好创校工作。1943年，韦悫由陈毅、张云逸介绍重新入党，长期为秘密党员，1960年12月才公开身份，参加组织生活。[7]

1945年12月，美国政府派马歇尔来中国“调解国共军事冲突”，由国民党、共产党和美国代表三方成立所谓“军事调处执行部”。韦悫当时在华东解放区军事调处部协助我党代表工作，并曾到北平，协助我党在北平的军调部工作，努力宣传我党停止内战、组织联合政府的方针政策，并揭露国民党破坏和平的种种事实。1946年8月，国民党进行内战的准备已经完成，美国宣布“调处”失败，让国民党放手发动内战，军事调处执行部解散。之后，蒋介石便大举进攻解放区。

1946年，韦悫任苏皖边区政府副主席，工作与生活条件非常艰苦。当时在苏皖边区调查的一位美国医生曾在报告中记录：

> 边区政府的四位副主席之一，也是救济专员，向我咨询，他的女儿生了重病，得了严重的肺结核。我告诉他，边区条件很差，除非他能将女儿送往上海，那里有机会检查气胸或进行其他外科手术。他认为我说的很对，但是他没有钱，无法实行我的建议。这位副主席兼救济专员就是韦博士（即韦悫）。韦博士曾获得芝加哥大学哲学博士学位，他曾在上海的大夏大学担任教授，曾任商务印书馆编审部主任。事实上，处于这样地位的

一个男人，却没有办法救自己赖以为生的女儿，这一点令我深感震惊。我问他缺钱是不是真正的唯一原因时，他坚持说的确如此。[8]

后因国民党军队进犯苏皖边区政府所在地淮阴，韦悫随军先后转移至山东沂蒙山区和胶东地区。1947 年又奉命与张茜一道由威海卫乘小汽船抵大连。1948 年夏，韦悫奉华东局之命回山东潍县筹办华东大学（济南解放后迁入济南），并被任命为校长。华东大学招收山东、安徽、江苏等地的知识青年 2000 多人，学生在学校接受思想政治教育，经过短期训练后参加革命工作。韦悫亲自负责教授政治课和抓学校的思想教育工作。淮海战役大捷后，我军乘胜追击，渡江歼灭蒋军，解放江南大片土地，华东大学学生纷纷南下参加革命工作，成为一支骨干力量。[9]

1949 年 4 月南京解放，韦悫奉命到南京。5 月 28 日，上海解放后的第二天，上海市人民政府成立，陈毅任上海市市长，韦悫任上海市副市长。6 月 21 日，韦悫任上海市军管会文化教育管理委员会副主任兼高等教育处处长。6 月出版的《上海万象》杂志刊登了题为《虔诚的基督徒——老斗士韦悫》，向上海市民介绍了这位新上任的副市长："民初他便赴美留读哥伦比亚大学，精研哲学及教育学。归国后，韦在广州岭南大学教过书，而且办过一个环球通讯社，之后，他长期在上海，当过商务印书馆编辑，青年会中学校校长，上海市教育局局长，抗战初期，在沪办过《译报》。这位教育界新闻界的老斗士，许多年来，都在蒋党甚至敌伪统治下生活着，但他对革命的坚贞，则始终不渝，直到《译报》被敌伪查封，地下工作无法坚持，他才跑到苏北，当现任旅大区党副书记李一氓任苏皖边区政府主席时，他任副主席，其行政才能，在当时有极大表现，这一次出任上海市副市长，以其丰富的从政经验，及其对上海各界的熟悉，对今后上海的建设，必能有更辉煌的成就。”[10]虽然韦悫出任上海市副市长的时间不长，但因为是上海解放后被任命的首届市政府领导人之一，故备受上海各界瞩目：“陈毅将军领导的上海军管会及市政府人选，已经军委会明令发表。关于这些上海军政首长的生平，当深为读者所注视。”[11]正如《上海万象》为此设置的专栏名称“新上海的舵手们”，解放后的上海亟待舵手掌舵，领航新时代。

10月19日，中央人民政府委员会任命马叙伦为教育部部长，钱俊瑞、韦悫为副部长。10月21日，由郭沫若任主任的政务院文化教育委员会成立，韦悫和周扬、李四光、竺可桢、胡乔木、蒋南翔等被任命为委员。1951年，中共中央为推进和实现汉语语言文字的标准化、正规化和现代化，决定推行文字改革运动，韦悫作为此次中国文字改革运动的领导者和组织者之一，为新中国成立初期的语言文字改革做出了重要的开创性贡献。1952年2月5日，中央人民政府在政务院文化教育委员会下设中国文字改革研究委员会，

《上海万象》专栏“新上海的舵手们”

研究和推行简化汉字，拟定汉语拼音方案，马叙伦任主任委员，韦悫和丁西林、季羡林、胡乔木、罗常培等 12 人为委员；11 月 15 日，教育部分别成立高等教育部、教育部和扫除文盲委员会后，韦悫仍任教育部副部长职。[12]

韦悫在任教育部副部长期间，于 1952 年秋，以团长身份率领中国文化教育考察团前往波兰、民主德国、捷克、匈牙利、罗马尼亚、保加利亚等东欧国家进行访问，考察这些国家的文化教育和建设情况。韦悫也是我国文字改革运动的领导者和著名的文字改革活动家。他在文字改革委员会参加领导工作近十年，在简化汉字、推广普通话，制定汉语拼音方案和扫盲工作等方面，都有所贡献。[13]

1964 年夏天，经中央华侨事务委员会主任廖承志的提议，中央调韦悫到福建华侨大学任代理校长。韦悫认为学校建设最重要的是师资队伍的建设，他在华大工作期间，曾将全校教员情况列成详细纲目，人各有“户”。他经常深入实际，在建校一年多的繁忙工作中就先后到土建系、医学系、外语系、中文系、政治系、数学系、化工系等单位与教师座谈教改和思想政治教育问题，并整理成20多篇文字。1966年5月，“文化大革命”开始后，韦悫受到迫害。1976年冬因病在湖北宜昌去世。著有《韦悫言论集》《波兰教育》等著作。[14]

二、“大上海”规划师：赵祖康

赵祖康（1900—1995），上海松江人，著名的土木工程学家、市政工程专家、社会活动家，中国土木工程学会第二、三届（1956—1984）副理事长，曾任上海市副市长，被誉为“中国公路之父”。赵祖康出生于松江城内三公街，1914年以全县第一名成绩考入江苏省立第三中学（今松江二中），1918年考入交通部上海工业专门学校土木工程系。

1920年12月，时任北洋政府交通总长的叶恭绰为统一学制，将交通部部属的四所学校：上海工业专门学校、唐山工业专门学校、北京邮电学校、北京铁道管理学校，列为大学分科，而以大学总其成，即“交通大学”。翌年3月，按照改组规划，沪、唐、京三地四校合组成为交通大学，上海工业专门学校改称交通大学上海学校；唐山工业专门学校改称交通大学唐山学校；北京两所学校合并，称为交通大学北京学校。按计划，沪校专办理工部之电气科、机械科；唐校专办理工科之土木科；京校专办理经济部之管理科。据此，沪校的土木科调归唐校，铁路管理科迁至京校，同时，将唐校新设机械科和京校电气工程班调归沪校。[15] 此时在上海就读的赵祖康，即转到唐山继续学业。1922 年夏，赵祖康以优异成绩毕业于交通大学唐山学校土木系。毕业后，曾在武汉政府交通部及广西梧州、安徽蚌埠等地的工务局担任技佐、技正、工务局长、顾问工程师等职。[16]

1927 年 4 月，国民政府奠都南京后，对教育日益重视。在留学教育方面，为适应日益发展的建设需要，采取在严格管理的基础上限制与鼓励并行的政策。一方面，中央及一些部门开始制定有关选派留学生的法规，并有计划地选派留学生。1929 年 9 月 22 日，铁道部为培植交通专门人才，制定了《选派留学生规则》，决定："选派交通大学毕业生，及在部或各附属国机关之职员，资给国外留学，并津贴已进外国大学或已任外国实习之留学生"，"暂定最多以一百名为限"。[17] 这一年的秋天，赵祖康正在安徽省蚌埠市工务局工作，曾在交通大学唐山学校担任教授的裴益祥，出任安徽省蚌埠市市政筹备处主任兼工务局局长。裴益祥对赵祖康的学识与为人都非常欣赏。因此，力邀赵祖康担任蚌埠市市政筹备处主任秘书兼工务局顾问工程师。11 月，安徽省交通厅厅长李范一调赵祖康担任省建设厅技正，帮助制定安庆市的市政发展规划。赵祖康在最短的时间内完成了安庆市的街道系统和分区设计规划图,受到好评。此时,他的唐山校友张鸿奎路过蚌埠,告诉他铁道部准备选送进修生到美国康奈尔大学深造。赵祖康立即给曾任上海交通大学校长的恩师凌鸿勋和著名土木工程专家茅以升写信,表达了迫切的留学愿望。据赵祖康晚年回忆,当时选拔的要求,是挑选交通大学历届毕业生中的佼佼者。赵祖康以交通大学唐山学校 1922 年市政及道路系成绩最好者的资格入选。[18]

1930 年 1 月,赵祖康和其他 9 位被选拔出来的同行,整装出发,远涉重洋,迎接新生活。临行前,时任交通大学校长的黎照寰亲自设宴,为学校的优秀学生送行,并向每位留学生赠送了一份珍贵的礼物——孙中山撰写的两本英文著作:《三民主义》和《实业计划》。赵祖康乘坐一艘意大利邮船,开始了远航新大陆的旅程。赵祖康和张鸿奎、钟仰、高丽顺、许靖、沈奏廷、赵廷杰等同学,经过漫长而枯燥的旅行,到达了美国,进入纽约州的康奈尔大学研究院研究道路和市政建设工程。早在国内工作时,赵祖康就知道,康奈尔大学的道路市政专业办得非常好,中国有多位专家就毕业于该校。因此,他对能进入这所大学学习倍感荣幸。在短短半年时间里,赵祖康一口气选修了多门课程。他早在国内工作时就知道,康奈尔大学的上下水道(自来水和沟渠)工程的教授在美国也是属于第一流的。因此这门课就成了赵祖康的首选课程。此外,他还选修了道路工程、桥梁设计、工具课程、城

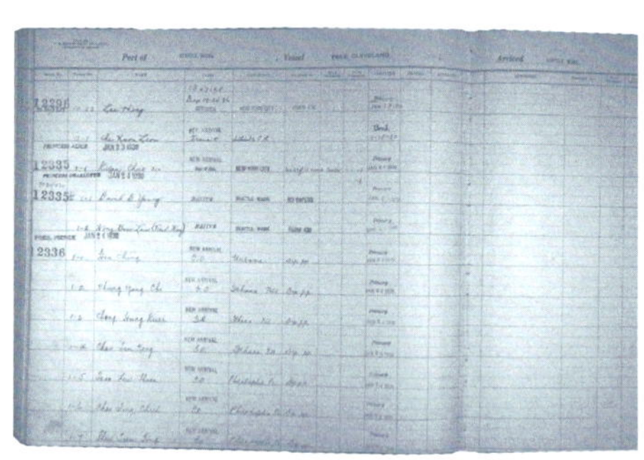

赵祖康入境美国记录

市计划课程，甚至还有德文课程等。[19]

在美国进修期间，赵祖康在理论学习上，只花费了半年时间，而后就把全部精力投入实习中。他几乎花了近一年时间，到纽约的奥伯奈市州公路处担任实习工程师，跟着美国工程技术人员学技术、学管理。更可贵的是，为了尽可能多掌握一些先进的科学技术和施工实践知识，他深入施工第一线，与工人们一起筑路架桥，了解掌握施工过程的每一个操作环节，和他们共同解决遇到的困难和问题。这一切，都为他回国后在中国的公路建设行业的工作奠定了坚实的基础。留美期间，赵祖康除了进行比较系统的理论学习和实践锻炼外，还有机会接触到了当时国际上公路建设的前沿知识与信息。1930 年 10 月，他被推举为安徽省建设厅的代表,参加在美国华盛顿召开的第六届国际道路会议,和全世界最著名的公路建设专家一起,交流经验,了解学术发展动态。一年半的访学时间一晃而过,赵祖康准备回国了。当时在美国的许多中国留学生觉得不可思议,好不容易得到的留学机会,即使不想留在美国,也要设法多待几年,得一个硕士或博士学位再回国。赵祖康对此不以为然,他认为,能够在美国多学习几年,固然很好,但他的专业实用性很强,中国的公路建设亟待发展,是时候实现"筑路救国""工程救国"的理想了。[20]

1931 年夏,赵祖康启程回到中国。从 1932 年起,任全国经济委员会公路专员、公路处副处长、代理处长、全国公路交通委员会常务委员、交通部公路总管理处处长。曾先后督造三省二市联络公路;规划全国联络公路网,并协助各省进行建设;制订全国公路工程统一标准;首创省市间互通汽车制度;逐步建立全国公路监理体制;组织修建陕西、甘肃两省的西(安)兰(州)、西(安)汉(中)等重要公路,并踏勘甘青公路(兰州至西宁)路线。1930 年、1934 年先后代表安徽省、南京政府参加第六、七届国际道路会议,引进国外公路建设的先进经验和工程技术,有效地提高了中国公路的建设水平。1937 年秋,全面抗战开始,他曾先后组织抢修石家庄通往保定、沧县、德州,大名,以及沪宁等前线军用公路,对抗日战争期间西北和西南大后方的公路建设、抢修以及保证公路交通做出了很大贡献。1943 年任交通部公路总局副局长，继续辟建后方公路。1945年初，任交通部顾问兼交通部工程技术标准委员会公路组组长，主持编制了《公路路线规范(草案)》。[21]

赵祖康工作认真，积极负责，对于重要建设项目，经常亲赴现场，妥善处理。他重视人才培养，在全国经济委员会时，举办了道路、桥梁进修班和驾驶人员训练班，培养了大量业务骨干；1943年，任交通部公路总局副局长时，选拔工程技术人员数十人出国进修，为以后中国公路建设，提供了优秀的技术力量。赵祖康学识渊博，经验丰富，技术和管理都具有很深的造诣，在国内外公路界享有很高的声望。他早在20世纪20年代即重视中国道路名词正名的工作，曾于1925年发表《道路工程名词译订法之研究》。他的这些著作，从技术与管理各个方面，联系实际，指导工作，对推动中国公路事业的不断前进，发挥了重要作用。[22]

抗战胜利后，作为国际大都市的上海，作为民族复兴、国家昌盛的重要经济中心，再次被国民党寄予厚望。吴国桢后来回忆："上海那时虽不是政治中心，却是中国的神经中枢，国民年收入中大约有57%来自上海，在上海制造的任何动乱，都将会破坏全国的经济命脉。"[23]赵祖康作为著名的道路工程专家，被任命为上海市工务局局长，主持上海城市的建设规划。

1946年6月30日，赵祖康在《申报》发表《从都市计划观点论上海市之划界》指出，"上海市市区范围，自民国十六年奉行行政院核定地界，斯于十七年间，市府仅接收十七乡区，尚余十三乡区以江苏省未能交出，作为市方暂缓接收区域，以迄于今，悬案不决，盖已十有余年，市乡发展交受其困，未接收之乡民则大多蕲望市府即予接管建设”[24]。是年8月，上海市都市计划委员会正式成立，当然委员有市府秘书长何德奎、地政局局长祝平、公用局局长赵曾珏、教育局局长顾毓秀、卫生局局长张维、财政局局长谷春帆、警察局局长宣铁吾、社会局局长吴开先、工务局局长赵祖康，赵祖康兼执行秘书。[25]

11月7日，上海都市计划委员会召开委员大会，负责建设“大上海都市计划”的公用局、工务局、行政院工程计划团、财政局、卫生局、社会局，以及全国工程专家等出席参加，吴国桢担任主席，商讨确定“大上海都市计划”的总图。据华东社记者获悉：计划中建设大上海计划总图可分为三部分：（一）自然建设，（二）经济建设，（三）社会建设。为确定目前上海之实情起见，现已分拟调查原则五点：（一）大上海区域之调查，（二）本市人口居住调查，（三）工商业之调查，（四）交通调查，（五）公用事业调查。以上五项调查，除了统计全市容量观测外，全市房屋状况及全市河流用途，均在调查之列。目前本市区域仅能容纳人口五百万人，计划区域将扩充至可容纳一千五百万人口的世界一流大都市。此项计划中的大上海区域，东起浦东，西达龙华，北起江湾大场，南至南汇。鉴于市中心人口密集，交通拥堵，此项计划将以浦东为住宅区,市中区为商业区,其余边郊为工厂区。[26] 12月,都市计划委员会编制了《大上海都市计划总图草案报告书》,包括总论、历史、地理、计划基本原则、人口、土地使用、交通、公用事业、公共卫生、文化等10章内容,共23节,近3万字。这份报告书对上海的城市发展进行了详尽的分析。[27]

12月24日,在非正式招待美国代表团席上,都市计划委员会的一位建筑家卢君首次透露了一个广及长江、乍浦及太湖区的建设大上海五十年计划。此计划草稿历时三个月完成,并移交都市计划委员会的六位建筑家及两位工程师详细研究,吴国桢市长担任该委员会的主任,工务局局长赵祖康担任招待秘书。该计划指出,未来的上海,将向外扩展为五区,目前五十英方里之市区,作为大上海的中心区,可容纳七百万人,中心区之外,再建许多独立之市镇,容纳市区之外的人口。每一临近行政地域单元,可容纳一百至四百万居民,市中心区将以环形公路与草地,与外围各区分隔,此种草地即用为散心养神之地,市区与其外围各区皆有铁路及汽车公路相通。[28] 在圣约翰大学执教的工程师卜立克做了补充,删除了不合实际的浦江大桥的建设方案,并对该计划提出一异议,即对浦东建设太少。[29] 此为抗战胜利后,上海市政府制定的大上海计划的最早方案,此项计划显然受当时西方最前沿的城市疏散理论的影响,对于上海的长远期发展具有一定的指导意义。

赵祖康作为国民政府最后的上海市代理市长,守护城市和平交接,保留计划编制资料,“大上海都市计划”三稿征得上海市市长陈毅同意集结成册而保存。工务局大多数编制人员选择留在新中国,继续为上海市政建设服务,多人参与开创了新中国城市规划专业教育事业,使得“大上海都市计划”精神在1949年之后的上海城市规划和中国规划学科发展中得到了延续,被视为中国近现代规划史上的一个奇迹。[30]

1949年初,国民党在上海的统治已濒临崩溃,原市长吴国桢于4月14日前往台湾,由原市政府秘书长陈良接任代市长。5月24日凌晨,陈良在离开上海之际,请赵祖康接任代理市长,主要任务是负责“维持治安”和“办理移交”。赵祖康曾于1949年6月撰写了一份《参加解放上海工作略述》,作为上海解放的重要亲历者,详细记述了当时的情形:“5月24日凌晨一时,那时的上海市市长陈良派车邀我到市大厦,要我在局势紧急时期代理市长职务,我表示辞谢,他提出三点理由:一、我在市府各局中年资最老,对市府同人无问题。二、操守与办事为标准官员,得市民信任。三、技术人员,无政治关系,‘对方’不会为难。”[31]

5月24日上午,陈良邀集上海市各局和市府所属各处负责人开会,宣布赵祖康任上海市代理市长。赵祖康曾回忆:“旧市府有大印一颗,市长小方印一颗。这两颗都是铜印。5月24日凌晨,陈良写‘手令’委派我为‘代理市长’时,叫秘书处长郑瑜把用红布包着的两颗印交给我,25日我交陆槐清收存保管。”[32] 5月25日下午,赵祖康赶到上海市经济委员会委员李思浩家中,与中共代表商谈交接事宜,双方达成八点共识,为和平交接奠定了基础:“1. 接受机关以军事管制委员会所派人员备有文件者为限,其余人员应予拒绝;2. 维持治安;3. 水电公用事业必须继续运转,防止破坏;4. 原市政府各局处人员应坚守岗位,保管档案财务,并照常工作;5. 户口名册与地产簿籍务须妥为保存,等候移交;6. 从速恢复交通,以安定人心;7. 商店工厂和银行应立即复业;8. 补发原市政府员工和警察五月份未发工资(事先应向军事管制委员会负责人征求意见)。”双方还同意,在中共政权运行前,重要事宜由军管会处理,具体事宜则由赵祖康负责执行。[33]

5月27日,上海解放。5月28日,上海市人民政府正式成立。下午2时左右,市长陈毅同曾山、潘汉年、韦悫、刘晓、周林等来到市政府。下午3时,举行旧市府职工大会,陈毅发表了讲话:“上海解放是一个伟大的变革。几十年来在国民党反动统治下的上海,现在已成为人民的城市。请大家各安职守,努力学习,改造世界观,为革命、为人民,多做些贡献。我们的党是不会埋没人才的。”会后,陈毅与赵祖康交谈,赵祖康表示今后想去大学教书,陈毅则掬诚地说:“赵先生,我们是一定能很好合作的。”赵祖康最终同意了陈毅的建议,重回上海市工务局担任局长一职。[34] 8月3日,上海市举行各界代表会议。陈毅在会上谈到解放上海的经过时,肯定赵祖康率领市府人员迎接解放的方式，"其贡献在于使文件档案、公用器材，从上海的租界工部局时代起，经过日寇，直至国民党时代，完整地转交于人民之手。此种方式，证明毛主席、朱总司令的约法八章的伟大号召力量，它必然地会发展到西南、西北各省，包括台湾在内"。赵祖康听了这段话后，心情久久不能平静。

早在是年6月，赵祖康写了一份《建设新上海初步设施意见书》呈送给陈毅。陈毅看后，同赵祖康做了一次较长的交谈，从上海的建设谈到整个国家的建设，谈了有关政策问题，如何利用外资和外国专业人才的问题，以及上海技术人员如何发挥作用等。7月，上海遭十级台风袭击，暴雨如注，又值潮汛猛涨，浦东海塘及吴淞海塘多处被冲塌，农田被淹没，市政府动员军民全力抢修。陈毅下令工务局会同有关部门成立海塘抢修队，堵塞决口。高桥炮台浜因决口险情严重，工程艰巨，两次奋力抢修未成功。少数工程人员失去信心，有的农民产生迷信思想，开始向"龙王"求救。陈毅得悉后，带领赵祖康、汪季琦等，亲赴决口视察，在现场开了大会。进一步发动了几次抢救，炮台浜的堵口合龙工程最终顺利完工。[35]

1952年，在陈毅和中共上海市委的支持下，赵祖康决定参加中国国民党革命委员会（简称"民革"），并在党的帮助下开始建立民革组织，担任民革上海市委的领导工作，得以团结和联系更多的社会人士，更好地发挥党的统战路线的作用。

1953年,我国开始执行发展国民经济第一个五年计划。上海的城市建设也随之进入了一个崭新的阶段。在公路建设方面,开始从维持通车转向提高公路质量、增强通车能力。这一重大转变,给公路建设提出了新的更高要求。在这5年期间,赵祖康领导上海市工务局为建设上海的公路设施,做了大量卓有成效的工作。1954年,拓宽整修沪杭公路上海段;随后,又拓宽改建了上海至松江、上海至青浦、上海至南汇等通往郊县的主要公路;还拓宽改建了沪太路、逸仙路等市区主干道,大大改善了上海市区与郊县以及邻近省市的交通状况。随着农业社会主义改造的全面展开,广大农民提出机械耕作的要求,原来的农村田埂小道已不适应农村发展的需要。在市政府的统一协调规划下,市政工程局承担起修建郊区公路的重任。从1953年至1957年,分两期对郊区公路进行全面改建。经过5年的不懈努力,先后按4个等级标准改建或修建了几十条重要的农村公路,促进了农村的发展。上海解放后,市政府在国家财政非常困难的情况下,拨出专款,新建了一批工人新村。继1951年新建第一个工人新村——曹杨新村后,1952年,又相继建设了凤城新村、鞍山新村等12个居民住宅区。这些工人新村大都建设在市郊结合部,充分利用有利的自然条件,在设计布局、市政、公用绿化、文化教育卫生以及商业网点等配套设施建设方面都比较齐全。同时,为沟通新村与市区的交通,还兴建了近郊公路及新村内部道路约34公里。在赵祖康的领导下，市工务局对这些工人新村的道路建设非常重视。他们精心编制了《上海市工人住宅道路施工说明》和《新建工人住宅区木桥工程施工规范》，做到精心设计、精心施工，使这些工人新村的建设成为工人阶级翻身作主的象征，新村居民们交口称赞。

上海解放初期，上海市人民政府根据“充分利用、合理发展”的工业建设方针，决定对旧上海遗留的不合理工业布局进行调整，在市郊结合地带新建一批工业区。当时规划新建的工业开发区包括彭浦机电工业区、漕河泾仪表电子工业区、桃浦化学工业区和北新泾迁建区等。为了配合这些新兴工业区的建设，市工务局从1953年起，在工业区外围及内沿新建了一批道路，并对这些地区原有的道路进行了改造，提高了道路等级，为工厂的迁建和发展生产创造了良好的外部条件。据统计，从1949年到1957年8月，上海共修建公路280公里。为上海以后的发展奠定了初步的市政基础。“文化大革命”结束后，赵祖康于1979年至1983年，出任上海市副市长，1983年起，任上海市人大常委会副主任，并长期担任市政协对台工作委员会主任。在赵祖康90岁生日时，时任上海市市长的朱镕基评价他“年高德劭，功在上海”。[36] 1995年1月19日，赵祖康因病在上海逝世，享年95岁。

三、陈鹤琴与上海教育

陈鹤琴(1892—1982),中国近现代教育的先驱,著名的教育家、儿童心理学家、儿童教育专家,是五四运动后中国"新教育"事业的创始人之一,也是新中国社会主义教育事业的建设者与开拓者。陈鹤琴在上海工作了15年,为维护租界地区华人子弟受教育的权益、为开创"活教育"理论和实践研究付出了大量心血。民国时期,他在上海创办了6所附设幼稚园的小学和一所女子中学,还开设了青工夜校、简易小学,并为200多所私立中小学争取经费补助。他还倡导和组织了各种教育试验,培训师资,编写中国化的、适合儿童特点的各类教科书和课外读物,为上海的教育呕心沥血,贡献良多。

陈鹤琴出生在浙江上虞百官镇一个开杂货铺的破落小商人家庭。6岁丧父,自幼家境贫苦,从小帮助母亲洗衣服补贴家用。8岁进私塾,接受启蒙教育。1906年,在亲友的资助下,进入杭州的基督教会学校蕙兰中学读书。1910年春考入上海圣约翰大学。翌年夏,前往北京参加清华学校招考,第一场考试录取160人,排在第82名;第二场共取100名,排在第42名,被录取到高等科一年级。3年清华岁月塑造了陈鹤琴一生的目标和理想:"我就在清华读了3年。这3年书总算不是白读的。我得着了不少有用的知识,认识了许多知己的朋友,还获得了一点服务社会的经验,立下了爱国爱人的坚强基础。我的清华时代,好像万象更新的新年,

1914 年陶行知(前排左 1)、陈鹤琴(后排右 1)等在去美留学船上的合影

好像朝气蓬勃的春天。我的希望,非常远大。我的前途,非常光明。我的精神,非常饱满。我的勇气,非常旺盛。我的自信,非常坚强。我的自期,非常宏远。那时做人真觉得有无穷愉快。”[37]

1914 年 7 月,陈鹤琴来到上海,预备赴美留学。上海寰球学生会的负责人朱少屏替赴美学生办理护照,预定舱位,筹备欢送会。清华校长周诒春还教赴美学生西方礼仪,诸如宴会时座席和座位的安排、坐姿、如何吃面包、怎样喝汤、怎样用刀叉等,事无巨细,皆亲自示范,给陈鹤琴留下深刻印象。“周诒春校长办事非常认真。他恐怕我们年轻没有经验,对于吃饭礼貌,毫无规矩,就在四川路青年会教我们怎样吃饭。他不但讲给我们听,还要做给我们看。”[38]

8 月 15 日,陈鹤琴和他的同学们在上海招商局码头乘

“中国”号邮轮前往美国求学，同船有近百名留学生。陈鹤琴用生动活泼的语言回忆了当时码头送别的情景：

> 八月十五日我们都兴高采烈，乘了中国自己置备的邮船出发了。在招商局码头送行的似山如海，拥挤不堪了。第一次汽笛刚吹过，船上送客的纷纷下船，在船上的乘客拿了许多红绿纸圈，拼命地向码头上抛。在码头上送客的，也买了许多红绿圈向船上抛。船上的乘客拿着码头上送客的纸条，码头上的送客拿着船上乘客的纸条，几百条红红绿绿的纸条把送客的和乘客的热烈情绪暂时连系着，交流着。汽笛又吹了，送客的乘客的把红绿纸条儿拉得更紧一些，更牢一些，好像热烈的情绪像电似的在纸条上可以加速的交流着。
>
> 第三次汽笛大吹了，轮船开动了，慢慢儿离岸了。乘客和送客还是把纸条儿紧紧地拉住。船离开愈远，纸条放得愈长，电流似的热情交流得愈快。船终于离得太开了，纸条儿不够长了“断了！断了！ 再会！再会！”一片喊声，从船上、码头上发出来。有的纸条儿还捏在送客的手里，有的纸条儿还捏在乘客的手里，两方口里虽连喊“再会！再会！”而手中的纸条儿还是紧紧地捏住，不肯放掉，好像这一根寄情的东西比什么都要宝贵呢！船愈离愈远了，乘客和送客都拿出雪白手巾来，互相挥着，几百条雪花的手巾好像几百面小国旗在空中飞舞

> 着，多么美丽！船愈离愈远了，人面模糊了，但是雪白的手巾还能看得见呢。那时的手巾已染湿了泪珠而没有像当初之活泼轻松了。那时送我行的有我的未婚妻雅妹，岳父，小哥，姊夫，同学钱财宝及十几位亲戚好友。[39]

据陈鹤琴回忆，这次赴美留学生共有百余人，其中有新考取的10位女生，清华优秀幼年生10人，1913、1914两班毕业生70余人以及自费生数人，"我们百余人，济济多士，把'中国'号的头等舱几近占满了。我们浩浩荡荡，乘长风破万里浪，雄渡太平洋了"。[40]

海上旅行对陈鹤琴而言，是一桩最愉快的事情。早晨可以看到旭日东升，傍晚观赏红日西沉。海涛像山峦似的白涌碧翻，飞鸟像箭似的冲浪排空。还有海鸥成群，翱翔上下。船上生活也极充实，一日六餐，三餐大餐，三餐茶点，陈鹤琴一餐也不曾拉下。船上不但吃得满足，玩得也很起劲。白天在船板上掷绳圈、抛圆板，晚上弹琴唱歌，热闹非凡。"中国"号邮轮到达檀香山后，当地的华侨派代表欢迎留美学生，并带领他们参观世界最著名的水族馆。9月7日，抵达旧金山，领事华侨代表和青年会中西干事均来欢迎，宴会之后参观斯坦福大学。第二天全体师生乘火车前往芝加哥。9月13日到达芝加哥后，大部分同学前往新英格兰诸州求学，陈鹤琴则与少数同学往东南而行，他的目的地是马里兰州巴尔的摩市的约翰·霍普金斯大学。9月15日清晨，火车到了巴尔的摩,当时在霍普金斯大学读医科的庚款甄别生胡宣明来接火车,陈鹤琴就此开启了他在美国的五年留学生涯。

陈鹤琴在美国读书可分为两个时期:一个时期是在霍普金斯大学攻读学士学位,第二个时期是在哥伦比亚大学专攻教育学和心理学。陈鹤琴在霍普金斯大学广泛涉猎,学习了德语、法语、地质学、植物学、动物学、生物学等多门科目,他说:"霍普金斯的研究精神真是好极了。教授学生一天到晚,都浸润在研究精神中做研究工作,而没有一点傲慢的神气,自满的心理,总是虚怀若谷,诚恳万分。""霍普金斯研究真理的那种精神,真使我五体投地。以后我回国做点研究工作,未始不是受霍普金斯之所赐呢!我觉得一个游学生到外国去游学最重要的,不是许许多多死知识,乃是研究的方法和研究的精神。"[41] 1917年夏,陈鹤琴从霍普金斯大学本科毕业,成为第一位获得该校学士学位的清华学生。

是年秋,陈鹤琴进入哥伦比亚大学师范学院,攻读教育学和心理学。冬天时,参加由孟禄博士组织的美国南方黑人教育考察团,同行者还有郑晓沧。他们参观了南部弗吉尼亚州的汉普顿学院和塔斯基吉师范学院,并对创建后者的美国黑人民权领袖布克·华盛顿产生了由衷的佩服:"一个到了十九岁开始读书的黑奴,能够努力奋斗,教导群众,为社会谋幸福,为民族增光荣。我们自命为优秀分(份)子,曾受过高等教育,应如何奋发惕励为国努力呢?"[42] 从南方考察教育回到纽约后,陈鹤琴继续在哥大师范学院读书。1918

年夏，获得教育学硕士学位，并转入哥大心理学系，跟随系主任伍尔沃思教授攻读心理学博士学位。1919 年 5 月，延期一年回国的申请尚未获批，遂答应郭秉文的邀约，回国执教于南京高等师范学校。

自 1919 年夏回国后，陈鹤琴先后任南京高等师范学校教授、东南大学教授和教务部主任。1920 年起，以自己的孩子为研究对象，进行了连续观察和追踪实验，是我国最早以科学实验方法研究儿童心理发展的学者，并由此提出科学的儿童观、教育观。1923 年在南京创办我国最早的幼儿教育实验中心——鼓楼幼稚园。1927 年任南京特别市教育局教育科科长，同年，全力协助陶行知创办晓庄试验乡村师范学校，并任南京晓庄师范第二院（幼稚师范院）院长。

1928 年，为争取中国儿童的教育权利，接受上海公共租界华人纳税会华董的邀请，赴上海就任工部局华人教育处处长。这年秋天，陈鹤琴从南京来到上海，他怀抱两大希望而来：一是“租界上的中国人的教育要由中国人自己来办”，二是“租界上中国儿童教育要比其他地方办得好”。对于列强割据的中国领土上的中华儿童，陈鹤琴的理想不仅是要让他们享有受教育的权利，而且是要享受符合世界发展潮流的、适合中国国情的“新教育”。[43] 9 月，陈鹤琴甫一上任，便向企业家聂云台租下位于汇山路（后改称霍山路）150 号的聂家花园，筹创工部局东区小学（后称汇山路小学），并将华人教育处的办公处和自己的家也暂时安在这里。另租闸北火车站附近老靶子路228号，筹创工部局北区小学（后移至克能海路——今康乐路）。工部局设立了华人教育处，华人教育家来公共租界为华人子弟办教育，这是上海租界华人多年斗争的结果，是当时上海滩的轰动新闻。10月1日，华人教育处正式办公；10月8日，在汇山路150号，举行了工部局小学开办仪式，中外来宾、媒体记者云集，从未有过公办华人小学的公共租界出现了两所新式小学：工部局东区小学、北区小学。

1930年，为维护女子受教育的权利，陈鹤琴从三所小学一年级开始，推行招收女生政策，并规定逐年增加女生名额，以推广男女兼收的办学方向。一贯提倡普及女子教育的陈鹤琴，针对公共租界只有4所仅招收男童的中学的现状，向工部局提议创办女子中学。1931年9月9日，学校在麦特赫司脱路（今泰兴路）租赁校舍开办（1934年迁入星加坡路——今余姚路新建成的校舍），毕业于金陵女大、原江西九江儒璃中学校长杨聂灵瑜女士被聘为校长。1932年、1933年，华德路小学、荆州路小学相继创办，为不断扩大女童的就学机会，陈鹤琴又将已被工部局购下房产的汇山路小学改为女子小学。[44]

陈鹤琴上任之后，如同在南京任教育科科长主持全市教育时那样，注重调查和实验。他在对上海公共租界内的华童情况进行全面调查之后，发现尽管有多所面向普通居民的华童小学学费低廉，并设有十分之一的免费学额，但仍有大量贫困家庭的华人子弟上不起学。1936 年 2 月 3 日，蓬路小学开学，该校为专收无力入全日校的贫寒子女的简易小学，学制四年、学校各级均为半日班二部制，连课本、文具在内学费 3 元，并仍设有困难免费名额。春季学生数 704 名，到秋季学校迁至新校舍，学生数激增至 1138 名，到 1937 年上学期又达 1238 名，可见当时的受欢迎程度。[45]

据工部局年报记载：1937 年八一三事变时，工部局 6 所华童小学除北区（克能海路）小学外，均迁入临时校舍授课。为收容最高限额之学生，各校各级均实行半日班两部制上课。由于战事影响，迁入租界者极众，要求考入之新生远多可录之额，华童小学春季学期学生 3882 名，比战前多 86%，秋季学期学生 3755 名，比战前多 83%，当年要求入校学生仍照常极多。当时的实验证明，陈鹤琴创立的半日二部制简易小学，确能适应华人社会一大部分贫困民众子弟教育之需，尤其是战时儿童教育、农村儿童教育之需，并为教育界有志于普及教育者和诸多学校开辟了有效途径。1934 年初，陈鹤琴抱定为更多贫困华人子弟争取受教育权利的理想，提议利用现有资源在荆州路小学内试办工人夜校，学制一年，以备年龄在 14—20 岁间，并在工厂工作之青年以及未曾在小学卒业者就学，学费 0.5 元。1934 年 4 月 20 日，开办报名消息见诸报端。同年 10 月 1 日，工部局第一所工人夜校在荆州路小学成功开办，第一学期夜校学生达到 264 名。在陈鹤琴的努力下，1936—1939 年又有汇山路、克能海路、新闻路3所小学相继开办了青年工人夜校,其中设在汇山路女子小学的是陈鹤琴专为女工设置的夜校。四所夜校学生总数最多时达1323名,每年夜校都有一些学生经考试获得小学毕业证书。

从1928年到1939年的12年间,陈鹤琴致力于在公共租界为华人子女谋求受教育权。在他的主持下,工部局华人学校数量增加,租界内华人子女入学人数显著上升。1927年,工部局华人学校的学生只有1235人,到了1939年,学生总计7646人,在一定程度上,有效地改变了公共租界内华人教育的局面。[46]

从1932年到1939年,在陈鹤琴的倾力策划和具体承办下,对租界内办学颇佳但经费不足的私立华人中小学,工部局华人教育处每年按等第给予经费补助。尽管历年获得补助经费总额平均到每一个华人学生只有5元左右,远低于西人学校每生27元的平均额,但来自华人纳税款的这一小部分用之于华人学校,无疑为改善华人子弟教育设施等条件争得了一部分权益,在客观上也促进了租界华人学校的良性发展。此项政策开始实行时,陈鹤琴便引起媒体的特别关注和多方报道,1934年更得公共租界私校协进会等赞誉:对陈鹤琴处长“努力教育事业,扶助公共租界私校,表示敬佩”。[47]

上海是中国近现代教育发展的桥头堡,也是中国人出门看世界、世界新教育思潮最先登陆中国的窗口和门户,上海因此成为中外文化的荟萃之地以及中国现代新教育发展的重镇。因此,凭借上海独特的地域和人文资源优势,扩大沪上教育界中西文化交融、探究最新的现代教育理念,是主持上海工部局华人教育处期间,陈鹤琴努力拓展的一项事业。

20 世纪 20 年代初期,陈鹤琴曾接待他的老师、来华考察的美国哥伦比亚大学师范学院院长孟禄教授。1931 年秋,美国哥伦比亚大学师范学院教授罗格及夫人来到上海讲学,他是继杜威、孟禄、克尔帕屈克等之后来华访问的又一位美国“新教育”和哥伦比亚教育学派的代表人物,也是“儿童中心教育”的倡导人之一。在陈鹤琴主持下,罗格夫妇分别向中华儿童教育社在沪社员、工部局所属中小学教职员作了题为《“新教育”的精神》的演讲,陈鹤琴作即席翻译。[48]

1932 年 6 月 27 日,陈鹤琴与志同道合的刘湛恩、韦悫、欧元怀等发起成立上海国际教育社。是日下午四时,在八仙桥新青年会召开成立大会,沪上各大中学校教职员及中外著名教育家五十余人与会,推韦悫为主席,并请美国哥伦比亚大学教授罗格博士讲演。[49]

据陈鹤琴回忆,这一组织以交流经验、相互观摩为目的,特邀集在上海的各国教育人士,参加成员包括中、英、美、德、法五国大中学校长、教务主任和懂英文的教师。首任会长由圣约翰大学校长卜舫济担任,以后刘湛恩、韦悫分别担任过会长,陈鹤琴担任书记。每学期,都要组织二三次常会,或参观学校、了解教育情况,或邀请教育专家做专题报告,曾请罗格等多位国内外名家演讲。[50]

1933 年 1 月,中国教育学会在上海举行成立大会,学会宗旨为研究教育理论及计划,解决中国教育实际问题。陈鹤琴为该会发起人之一,并被推选为该总会监事、上海分会理事,负责主持教育学会下设的幼稚教育研究委员会。1936 年 10 月,同时参加该会的边疆教育委员会的陈鹤琴、刘湛恩、欧元怀、舒新成、沈体兰等,为给边疆建设培养人才,积极安排青海、西康、蒙古等地学生来沪就学。1937 年后,该会与国内各教育学术团体,如中华儿童教育社、生活教育社、中华职业教育社、中国社会教育社等组成各教育学术团体联合会。到 1948 年,中国教育学会下设的研究委员会达到 48 个,这一国内研究教育或从事教育者组织的学术团体,与美国全国教育协会保持联系,积极推进中外教育的沟通交流,以期改变中国教育落后的局面。这也是当时教育界大批有识之士的共识。[51]

1937 年,抗日战争全面爆发。八一三事变后,日军入侵上海,占领租界以外区域,百万难民流落租界。在各慈善团体、爱国人士的共同努力下,在中共地下组织的领导、推动下,大批难民收容所设立起来,各难民教育机构亦相继成立。陈鹤琴秉持着民族责任感和教育家的使命感,主动投身难民救济、难民教育的前列,先后出任上海国际救济会常务委员兼教育组负责人、上海国际红十字教育委员会主任、上海慈善团体联合会救济战区难民委员会教育委员会主任,全面主持上海难民教育工作。陈鹤琴与刘湛恩、赵朴初、朱启銮等组成教育委员会，制定、实施难民教育计划，分儿童教育、成人教育和职业教育三方面展开工作，重点首先放在6岁到15岁的难童教育上。1938年，他参与工部局华员总会与赵朴初等的合作，共同开办了一个专收儿童的难童收容所。他还与董任坚等发起成立上海街童教育会，把流浪街头的失学儿童组织起来，开办街头教学班30余处，设立街童教育巡回图书馆。[52]

1939年下半年，"孤岛"形势日益恶化，为了对学校师生进行"最后一课"的爱国主义教育，陈鹤琴与陈望道等用"中国语文教育学会"的名义，筹办在11月举办了一个大规模的"中国语文展览会"，用生动的形象、丰富的内容教育人民不要忘记祖国的语言文字。由于数度受到敌伪暗杀威胁，展览开幕之前，陈鹤琴被迫离沪，之后辗转江西办学，继续教育家的理想追求。[53]

1945年8月抗战胜利，陈鹤琴回到上海，先任市教育局主任督学，年底任新成立的市立幼稚师范学校校长，学校兼办附小及幼儿园。1946年夏，在江西的国立幼师专科部迁来上海，他仍兼任幼专校长。1947年，幼师改为女子师范，分设幼师与普师两科。这些培养师资的学校都是陈鹤琴继续实验与发展其"活教育"的基地。他还鼓励青年学生走出校门，到大社会做调查研究，关心国家大事与社会状况，提倡他们自动组织座谈、讨论，发挥创造力；支持学生中的"大姐姐服务团”，增强其自治能力，开展多样化自我教育活动。

1948 年，陈鹤琴创办了上海特殊儿童辅导院，开展聋哑伤残儿童教育。当时的上海，争取和平民主的学生运动风起云涌，革命的政治主导了学校日常的教育教学工作，陈鹤琴把“活教育”的目的发展为要做“爱国家，爱人类，爱真理的现代世界人”。他积极支持学生运动，主持大规模的尊师运动，竭尽全力保护女师与幼师的进步师生。还参加并支持上海市的教师运动，担任了“上海市教师福利促进会”“上海市中等教育研究会”“上海市小学教师联合进修会”等进步团体的顾问。陈鹤琴主持正义的进步活动，遭到反动政府当局的仇恨，1947 年一年内，他两次收到恐吓信。1949 年上海解放前夕，陈鹤琴被捕，经上海各大学校长联合保释才出狱。[54]

上海解放后，在人民政府接管学校的过程中，陈鹤琴从教育家的角度积极进言：特殊教育不是救济机构，而是研究和教育特殊儿童的学校，不应由民政部门接管，应该列入政府教育部门管理。经陈鹤琴多方争取，这所特殊儿童辅导院终由上海市教育局接管。1949 年 8 月，在陈鹤琴提倡下，由中华职业教育社召开了上海市特殊教育工作者座谈会。陈鹤琴在会上阐述了特殊教育的重要性及分类等问题，并且指出此种教育仍处于幼稚阶段，今后应大力研究推行。同年 11 月，上海市特殊教育工作者协会成立。[55]

上海解放后，陈鹤琴作为教育界的代表，参加了全国政协第一届第一次会议，出席了开国大典。1952 年，他出任南京师范学院院长。[56]

1914 年 7 月，陈鹤琴从上海招商局码头出发赴美留学，5 年后从美国回到上海。1928 年到 1939 年在上海实践他的教育理想，抗战胜利后重返上海，更进一步拓展了其教育理念。上海成为陈鹤琴一生中生活和从事教育事业长达 15 年之久的重要城市。陈鹤琴的教育理想与教育实践，极大地推动了上海近代教育朝着现代目标的迈进，他的影响力也必将随着上海这座城市的发展与日俱增。

值得一提的是，陈鹤琴的儿子陈一鸣、女儿陈秀霞也是留美学生。陈一鸣于 1946 年秋赴美学习，1949 年获哥伦比亚大学师范学院硕士学位，并在北美基督教中国学生会中积极活动，为动员留美学生回国参加新中国的建设，发挥了重要作用。陈一鸣于 1951 年初回国，任职于华东文教委员会宗教事务处与上海市宗教事务局。陈秀霞 1946 年赴美留学，先后获密歇根州立大学文学士学位和哥伦比亚大学师范学院硕士学位。1950 年回国，任职于外交部新闻司。[57]

注释

1. 郑懿德:《韦悫传略》,晋阳学刊编辑部编:《中国现代社会科学家传略》第 6 辑,山西人民出版社 1985 年版,第 19 页。
2. 郑懿德:《韦悫传略》,晋阳学刊编辑部编:《中国现代社会科学家传略》第 6 辑,山西人民出版社 1985 年版,第 21 页。
3. 柳直荀:《韦悫》,刘绍唐主编:《民国人物小传》第 15 册,上海三联书店 2016 年版,第 207 页。
4. 郑懿德:《韦悫传略》,晋阳学刊编辑部编:《中国现代社会科学家传略》第 6 辑,山西人民出版社 1985 年版,第 22 页。
5. 郑懿德:《韦悫传略》,晋阳学刊编辑部编:《中国现代社会科学家传略》第 6 辑,山西人民出版社 1985 年版,第 24 页。
6. 谢长法:《韦悫的高等教育思想与实践》,《现代大学教育》2021 年第 3 期,第 52—53 页。
7. 郑懿德:《韦悫传略》,晋阳学刊编辑部编:《中国现代社会科学家传略》第 6 辑,山西人民出版社 1985 年版,第 26—27 页。
8. 《苏皖豫边区调查报告》,1946 年。
9. 郑懿德:《韦悫传略》,晋阳学刊编辑部编:《中国现代社会科学家传略》第 6 辑,山西人民出版社 1985 年版,第 26—27 页。
10. 文怡:《虔诚的基督徒——老斗士韦悫》,《上海万象》1949 年 6 月第 1 辑,第 1 页。
11. 文怡:《虔诚的基督徒——老斗士韦悫》,《上海万象》1949 年 6 月第 1 辑,第 1 页。
12. 谢长法:《韦悫的高等教育思想与实践》,《现代大学教育》2021 年第 3 期,第 54 页。
13. 郑懿德:《韦悫传略》,晋阳学刊编辑部编:《中国现代社会科学家传略》第 6 辑,山西人民出版社 1985 年版,第 30—32 页。
14. 柳直荀:《韦悫》,刘绍唐主编:《民国人物小传》第 15 册,上海三联书店 2016 年版,第 220 页。
15. 盛懿、孙萍、欧七斤编著:《三个世纪的跨越——从南洋公学到上海交通大学》,上海交通大学出版社 2006 年版,第 99—100 页。
16. 宋立志编著:《名校精英:上海交通大学》,京华出版社 2010 年版,第 145 页。
17. 谢长法:《借鉴与融合:留美学生抗战前教育活动研究》,河北教育出版社 2001 年

注 释

版，第 45 页。

18. 赵祖康 1968 年 9 月 11 日写的回忆材料。详见陶柏康：《赵祖康》，复旦大学出版社 1998 年版，第 63 页。
19. 陶柏康：《赵祖康》，复旦大学出版社 1998 年版，第 64—65 页。
20. 陶柏康：《赵祖康》，复旦大学出版社 1998 年版，第 66 页。
21. 中国公路交通史编审委员会编：《中国公路史》第 1 册，人民交通出版社 1990 年版，第 610—611 页。
22. 中国公路交通史编审委员会编：《中国公路史》第 1 册，人民交通出版社 1990 年版，第 611—612 页。
23. [美]裴斐、韦慕庭访问整理：《从上海市长到"台湾省主席"（1946—1953）——吴国桢口述回忆》，吴修垣译，上海人民出版社 2015 年版，第 30 页。
24. 《从都市计划观点论上海市之划界》，《申报》1946 年 6 月 30 日。
25. 屠诗聘主编：《上海市大观》，邢建榕整理，熊月之主编：《稀见上海史志资料丛书》7，上海书店出版社 2012 年版，第 211 页。
26. 《世界第一流都市　人口一千五百万》，《申报》1946 年 11 月 7 日。
27. 《确定大上海计划》，《申报》1946 年 11 月 8 日。
28. 《上海城市规划志》，上海社会科学院出版社 1999 年版，第 76 页。
29. 《建设大上海计划正由专家研讨中》，《申报》1945 年 12 月 25 日。
30. 《建设大上海计划正由专家研讨中》，《申报》1945 年 12 月 25 日。
31. 《都市计划会商讨论总图，将扩充为世界第一大都市》，《民国日报》1946 年 11 月 7 日。
32. 侯丽、王宜兵：《〈大上海都市计划 1946—1949〉——近代中国大都市的现代化愿景与规划实践》，《城市规划》2015 年第 10 期，第 19 页。
33. 叶亦帆：《上海市历史博物馆藏赵祖康〈参加解放上海工作略述〉简述》，上海历史博物馆编：《都会遗踪》第 31 辑，上海人民出版社 2020 年版，第 59 页。
34. 赵祖康：《维持治安　迎接解放　办理移交　获得新生》，中国人民政治协商会议上海市委员会文史资料工作委员会编：《上海解放三十五周年：文史资料纪念专辑》，上海人民出版社 1984 年版，第 92 页。

注释

35. 吴跃农:《赵祖康如何将上海市政府移交给中共》,《民国春秋》2000年第5期,第58页。
36. 赵祖康:《回忆上海解放前后我的亲身经历》,中共上海市委党史研究室编:《日月新天:上海解放亲历者说》,上海人民出版社2019年版,第297页。
37. 张正惠:《陈毅与赵祖康》,《上海党史研究》1995年第6期,第26—27页。
38. 户式功:《赵祖康与新上海公共设施建设》,《团结》2010年第6期,第53页。
39. 陈鹤琴:《我的半生》,岳麓书社1998年版,第48—49页。
40. 陈鹤琴:《我的半生》,岳麓书社1998年版,第58页。
41. 陈鹤琴:《我的半生》,岳麓书社1998年版,第62—63页。
42. 陈鹤琴:《我的半生》,岳麓书社1998年版,第63页。
43. 陈鹤琴:《我的半生》,岳麓书社1998年版,第71页。
44. 陈鹤琴:《我的半生》,岳麓书社1998年版,第77页。
45. 上海市陈鹤琴教育思想研究会:《陈鹤琴与上海教育》,上海教育出版社2012年版,第2—4页。
46. 上海市陈鹤琴教育思想研究会:《陈鹤琴与上海教育》,上海教育出版社2012年版,第8—9页。
47. 上海市陈鹤琴教育思想研究会:《陈鹤琴与上海教育》,上海教育出版社2012年版,第9—10页。
48. 上海市陈鹤琴教育思想研究会:《陈鹤琴与上海教育》,上海教育出版社2012年版,第10—12页。
49. 上海市陈鹤琴教育思想研究会:《陈鹤琴与上海教育》,上海教育出版社2012年版,第13页。
50. 上海市陈鹤琴教育思想研究会:《陈鹤琴与上海教育》,上海教育出版社2012年版,第17页。
51. 《上海国际教育社成立》,《申报》1932年6月29日。
52. 上海市陈鹤琴教育思想研究会:《陈鹤琴与上海教育》,上海教育出版社2012年版,第18页。
53. 上海市陈鹤琴教育思想研究会:《陈鹤琴与上海教育》,上海教育出版社2012年版,

注 释

第18—19页。

54. 上海市陈鹤琴教育思想研究会:《陈鹤琴与上海教育》,上海教育出版社2012年版,第32—33页。
55. 上海市陈鹤琴教育思想研究会:《陈鹤琴与上海教育》,上海教育出版社2012年版,第36页。
56. 陈科美主编:《上海近代教育史:1843—1949》,上海教育出版社2003年版,第516—517页。
57. 上海市陈鹤琴教育思想研究会:《陈鹤琴与上海教育》,上海教育出版社2012年版,第42页。
58. 陈科美主编:《上海近代教育史:1843—1949》,上海教育出版社2003年版,第516—517页。
59. 陈一鸣、陈秀霞:《情系祖国　心系人民——忆北美基督教中国学生会的爱国活动》,全国政协暨北京上海天津福建政协文史资料委员会编:《建国初期留学生归国纪事》,中国文史出版社1999年版,第30—31页。

第七章

归去来兮：“两弹一星”元勋

在新中国70多年的光辉历程中，“两弹一星”研制成功，是中华民族为之自豪的伟大成就。20世纪50年代中期，以毛泽东为核心的第一代党中央领导集体，根据当时的国际形势，为了保卫国家安全、维护世界和平，高瞻远瞩，果断地做出了独立自主研制“两弹一星”的战略决策。大批优秀的科技工作者，包括许多在国外已经有杰出成就的科学家，怀着对新中国的满腔热爱，响应党和国家的召唤，义无反顾地投身这一神圣而伟大的事业中。他们和参与“两弹一星”研制工作的广大干部、工人、解放军指战员一起，在当时国家经济、技术基础薄弱和工作条件十分艰苦的情况下，自力更生，完全依靠自己的力量，用较少的投入和较短的时间，突破了原子弹、导弹和人造地球卫星等尖端技术，取得了举世瞩目的辉煌成就。[1]

1999年9月18日，在庆祝中华人民共和国成立50周年之际，党中央、国务院、中央军委决定，对当年为研制“两弹一星”做出突出贡献的23位科技专家予以表彰，并授予于敏、王大珩、王希季、朱光亚、孙家栋、任新民、吴自良、陈芳允、陈能宽、杨嘉墀、周光召、钱学森、屠守锷、黄纬禄、程开甲、彭桓武"两弹一星功勋奖章",追授王淦昌、邓稼先、赵九章、姚桐斌、钱骥、钱三强、郭永怀"两弹一星功勋奖章"。这23位科技专家是人民共和国的功臣,是老一辈科技工作者的杰出代表,是新一代科技工作者的光辉榜样。[2]

表2 "两弹一星"元勋基本情况列表

姓名	出生年	出生地	成长地	大学	留学国	学位	居留时间
于　敏	1926	河北宁河	天津	北京大学	无	硕士	
王大珩	1915	日本东京	北京	清华大学	英国	博士	1936—1948
王希季	1921	云南昆明	昆明	西南联合大学	美国	硕士	1948—1950
王淦昌	1907	江苏常熟	上海	清华大学	德国	博士	1930—1934
邓稼先	1924	安徽怀宁	北京	清华大学	美国	博士	1948—1950
朱光亚	1924	湖北武汉	武汉	西南联合大学	美国	博士	1946—1950
孙家栋	1929	辽宁盖县	盖县	茹科夫斯基空军学院	苏联	学士	1951—1958
任新民	1915	安徽宁国	宣城	重庆兵工学校大学部	美国	博士	1945—1949
吴自良	1917	浙江浦江	杭州	天津北洋大学工学院	美国	博士	1943—1950
陈芳允	1916	浙江黄岩	黄岩	清华大学	美国		1945—1948
陈能宽	1923	湖南慈利	长沙	唐山交通大学	美国	博士	1945—1955
杨嘉墀	1919	江苏吴江	上海	上海交通大学	美国	博士	1947—1956
周光召	1929	湖南长沙	重庆	清华大学	苏联		1957—1961
赵九章	1907	河南开封	杭州	清华大学	德国	博士	1935—1938
姚桐斌	1922	江苏无锡	上海	唐山交通大学	英国	博士	1947—1957
钱　骥	1917	江苏金坛	金坛	中央大学	无		
钱三强	1913	北京	北京	清华大学	法国	博士	1936—1948
钱学森	1911	上海	上海	浙江大学	美国	博士	1935—1955
郭永怀	1909	山东荣成	青岛	西南联合大学	美国	博士	1940—1957

（续表）

姓名	出生年	出生地	成长地	大学	留学国	学位	居留时间
屠守锷	1917	浙江湖州	上海	西南联合大学	美国	博士	1941—1945
黄纬禄	1916	安徽芜湖	芜、杨	中央大学	英国	硕士	1943—1947
程开甲	1917	江苏吴江	嘉兴	浙江大学	英国	博士	1946—1950
彭桓武	1915	吉林长春	长春	清华大学	英国	博士	1938—1947

注："成长地"是指元勋们的小学和中学所在地域；钱学森毕业于上海交通大学，表中"浙江大学"有误。

资料来源：钱江：《走近共和国"两弹一星"元勋们》，《党史博览》2003年第5期，第30页。

23位"两弹一星"元勋全部完成了大学本科学业。其中7人毕业于清华大学物理系，比例最高。其他大学依次为西南联大、交通大学（今上海交通大学，西安交通大学，西南交通大学和北京交通大学）、浙江大学、中央大学、北京大学等。23位元勋中只有于敏和钱骥没有留学经历。从21位元勋的留学国来看，美、英、法、德、苏是他们的主要留学地。其中去美国者最多，达11人，居半数以上。其次是英国，有5人。到德国留学的有2人。到苏联留学的有2人：周光召和孙家栋，都是新中国成立以后派出的。去法国的有钱三强1人。

从21位元勋所获的学位看，16人获得博士学位，2人获得硕士学位。在西方国家留学而未获得学位者仅陈芳允1人。这是因为陈芳允到英国后，直接进入了COSSOR无线电厂研究室，没有在大学注册读书。另外，1949年后到苏联留学的周光召也没有获得学位，这是因为他在学习期间被调回国内参加原子弹研制的缘故。从"两弹一星"元勋们的留学或在国外居留时间来考察，21位有留学经历的元勋们平均在国外时间为7年，其中时间最久的是钱学森，1935年出国，1955年归国，在美国整整20年。其次是郭永怀，在国外生活了17年。还有钱三强、陈能宽、姚桐斌，都在国外生活了10年以上。“两弹一星”元勋们的外语水平普遍较高。除了较长的海外留学经历外，他们中的一些人在中学和大学读书时，已经具备了较强的外语听、说、读、写能力。

从籍贯看，23位“两弹一星”元勋中，江苏和浙江籍各6人，安徽3人，湖北和湖南各2人，云南、辽宁、河北、山东各1人。钱三强、屠守锷、赵九章同为浙江湖州人，程开甲和杨嘉墀同为江苏吴江人。依据23位“两弹一星”元勋青少年成长时期所在的省市进行分类：上海有杨嘉墀、姚桐斌、钱学森、屠守锷、王淦昌5人，为人数最多的区域；浙江有3人，分别是吴自良、陈芳允、赵九章；安徽有3人，分别为邓稼先、任新民、黄纬禄；北京有2人，分别为王大珩、钱三强；江苏有2人，分别为程开甲、钱骥。23位元勋中来自长江三角洲地区的就有13人。[3]

一、中国导弹之父钱学森

在“两弹一星”元勋中，与上海关系最为密切的当属钱学森。

钱学森（1911—2009），出生于上海，祖籍浙江杭州。其

交通大学管弦乐队合影。前排左 1 为钱学森

父钱家治（1880—1969），字均夫，乃浙江杭州丝绸商人之子，自幼受到良好的教育。钱家治在 1899 年就读于杭州求是书院，1902 年入日本弘文学院补习日语，1908 年由日本东京高等师范学校史地科毕业后回国。1912 年，在上海创办“劝学堂”。1914 年，举家迁往北京，任北洋政府教育部视学。1928 年，任南京国民政府教育部普通教育司一等科员，54 岁时因病退休，后从杭州移居上海。母亲章兰娟（1887—1935），为杭州富商之女，有数学天赋，心地善良，心灵手巧。钱学森在这样的家庭中长大，受到父母的悉心栽培。1914 年，随父母迁居北京，1920 年 9 岁时进入国立北京高等师范学校附属小学校，1929 年从北师大附属中学毕业。[4] 是年 9

月，钱学森以第三名的成绩考入交通大学（时称铁道部交通大学上海本部）机械工程系铁道门。1934 年 6 月，从交通大学毕业，获机械工程学士学位。8 月，赴南京中央大学参加清华大学庚款留美公费生考试，考取了清华大学第二届留美公费生，赴美学习航空工程。[5]

1935 年 8 月初，钱学森在父亲和蒋百里夫妇的陪伴下，来到上海黄浦江码头（吴淞口港），登上了美国邮船公司的“杰克逊总统”号邮轮前往美国西雅图。与其同船赴美留学的还有其他 19 位来自全国各地的清华大学留美公费生，这些留学生中有多位成为国家的栋梁之材，诸如历史学家夏鼐、空间物理学家赵九章、水利专家张光斗等，而钱学森是其中唯一一位航空学和飞机设计专业的学生。

钱学森到美国后，先入麻省理工学院航空系，一年后转向航空工程理论，即应用力学的学习。1936 年 10 月，钱学森在麻省理工学院航空系获得硕士学位后便来到美国西海岸的加州理工学院，追随世界著名力学大师西尔多·冯·卡门教授，开始了与冯·卡门教授先是师生后为亲密合作者的多年情谊。1939 年 6 月，在加州理工学院获得航空数学博士学位，任加州理工学院航空系助理研究员，1946 年任副教授。1946 年至 1949 年，在麻省理工学院任教授。

1939 年前后，美国空军开始支持火箭研究。1942 年，美国军方委托加州理工学院举办喷气技术训练班，钱学森

章

Relinking
with the world

Study in the USA

1935 年 8 月，钱学森从上海黄浦江码头登上美国邮船公司的“杰克逊总统”号邮轮

1935 年 9 月，20 位获庚子赔款留美奖学金的同学抵达美国西雅图时的合影。倒数第 2 排右 1 为钱学森

是教员之一,与美国陆海空三军技术人员有了接触。后来美军从事火箭、导弹研究的军官中,有不少是钱学森当年的学生。1944 年,美国陆军得知德国研制 V-2 火箭的情报,遂委托冯·卡门教授大力研究远程火箭。美军原始型的"下士"式导弹就是他们那时开始设计的。钱学森负责理论组,把林家翘、钱伟长也请来,进行弹道分析、燃烧室热传导、燃烧理论等研究工作。同时,钱学森还被聘为航空喷气公司的技术顾问。因为冯·卡门对钱学森极为欣赏,因此在 1945 年初他被美国空军聘为科学咨询团团长的时候,提名钱学森为团员。1945 年 5 月,第二次世界大战结束的前夕,钱学森随科学咨询团去欧洲,考察英国、德国和法国等国家的航空研究,特别是法西斯德国的火箭技术发展情况。考察结束后,加州理工学院提升钱学森为副教授。

1946 年暑期,冯·卡门教授因与加州理工学院当局有分歧而辞职。作为冯·卡门的学生,钱学森也离开加州理工学院,到麻省理工学院任副教授,并带空气动力学专业的研究生。1947 年初,36 岁的钱学森进入了麻省理工学院年轻的正教授行列。同年夏季,钱学森向麻省理工学院当局请假回国探亲,9 月与蒋英在上海结婚。蒋英是著名军事理论家蒋百里的三女,出生于 1920 年 9 月,在维也纳和柏林受过良好的音乐教育,是一位著名的女高音声乐家。

1948 年,新中国成立在即,钱学森开始准备回国。为此,他要求退出美国空军科学咨询团,但直到 1949 年才得以实现。他兼任的美国海军炮火研究所顾问的职务，直到1949年秋从麻省理工学院回到加州理工学院就任喷气推进技术教授职务时才辞去。1949年5月20日，钱学森收到美国芝加哥大学金属研究所副教授研究员、留美中国科学工作者协会（简称留美科协）美中区负责人葛庭燧的来信，同时转来中共党员、当时在香港大学任教的曹日昌教授于1949年5月14日写给自己的信，转达祖国召唤他归国服务、领导中华人民共和国航空事业建设之切切深情。[6]

1950年6月，朝鲜战争爆发，麦卡锡主义横行。7月，美国政府决定取消钱学森参加机密研究的资格，理由是他与威因鲍姆有朋友关系，并指控钱学森是美国共产党员，非法入境。钱学森这时立即决定以探亲为名回国，并准备一去不返。但当他一家将要出发的时候，美国当局又把他拘留了起来。两周以后，虽然在几位美国同事及朋友的大力帮助下保释出狱，但他却继续受到移民局根据麦卡锡法案进行的迫害，行动处处受移民局的限制和联邦调查局特务的监视，被滞留在美5年之久。1955年6月的一天，钱学森夫妇摆脱特务的监视，在一封写在一张香烟盒纸上寄给在比利时亲戚的家书中，夹带向父亲的好友、全国人大常委会副委员长陈叔通求救的信，请求祖国帮助他早日回国。陈叔通先生收到这封信的当天，就把信送到周恩来总理的手里。8月1日，中美大使级会谈在日内瓦开始，周恩来总理授意王炳南大使以钱学森这封信为依据，与美方进行交涉和斗争。8月

5 日，钱学森接到美国政府的通知，说他可以回国，但在乘坐美国邮船的归国途中，他仍被当作犯人对待。钱学森后来回顾在美国的经历时说："我从 1935 年去美国，1955 年回国，在美国待了 20 年。20 年中，前三四年是学习，后十几年是工作，所有这一切都在做准备，为了回到祖国后能为人民做点事。我在美国那么长时间，从来没想过这一辈子要在那里待下去。"[7]

1955 年 9 月 17 日下午，钱学森全家在美国联邦调查局人员的监视下登上"克里夫兰总统"号轮船，加州理工学院及喷气推进实验室的朋友们到码头欢送。10 月 1 日，钱学森与乘坐"克里夫兰总统"号归国的同学欢聚一堂，共度国庆佳节，并在联欢会上应邀做主旨讲话："我身未到祖国，心已经飞回去了！"10 月 8 日上午 9 时，乘"克里夫兰总统"号轮船抵达九龙湾，然后换乘小船在尖沙咀警察码头登岸，随即转至九广车站警察分驻所。同日下午抵达深圳。中国科学院朱兆祥和广东省人民政府交际处邵副处长在车站迎接。当日晚，钱学森一行抵达广州火车站。

10 月 12 日上午，钱学森一行到达上海火车站，74 岁的老父亲钱均夫亲自到车站迎接。到车站迎接的还有中国科学院上海办事处及各研究所负责人、上海市人民委员会办公厅和上海高等教育管理局有关人员等。当天回到家后，父亲赠送了一套复制的中国古代名画。钱学森说，他在美国曾好几次梦见这座房子，而现在真正地看到了。10 月 13 日，钱学森前往中国科学院上海植物生理研究所参观，并拜会加州理工学院校友殷宏章，在所长罗宗洛的陪同下参观实验室。10 月 22 日，赴母校交通大学访问。在彭康校长、陈石英副校长的陪同下参观学生宿舍和实验室等。在修葺一新的第一学生宿舍里，钱学森说，21 年前曾经在这里住过，现在变得既畅亮又清洁。在实验室里，钱学森仔细地研究着那些新添的设备，与旧日的朋友作了亲切的交谈，兴奋地表示，学校的发展情况比想象中的还要迅速。10 月 23 日下午，在上海市岳阳路 320 号大楼 64 号会议室，参加中国科学院上海办事处举办的归国人员座谈会。10 月 25 日，应邀来交通大学同系主任、研究室主任等 30 余人座谈。钱学森以在美国的经历以及回国后的所见所闻，深刻说明美国科学研究受社会制度的制约，不能充分发展的情况，而我国的科学研究具有广阔的发展前途。最后就近期所从事的研究工作与该校老师进行了交流。

10 月 26 日，钱学森全家在朱兆祥的陪同下启程离沪赴京。10 月 28 日上午，抵达北京火车站。中国科学院副院长吴有训和首都著名科学家华罗庚、周培源、钱伟长、赵忠尧等 20 余人到车站迎接。[8]

11 月，钱学森和钱伟长合作筹建中国科学院力学研究所。1956 年 1 月 5 日，力学研究所正式成立，钱学森任第一任所长，直到 20 世纪 70 年代后期。在钱学森倡议下，中国力学学会在 1957 年正式成立，钱学森被一致推举为第一任理事长。1958 年他任中国科学技术大学近代力学系主任，讲授星际航行概论和物理力学。1956—1965 年，他任国防部第五研究院院长、副院长；1956—1982 年，任中国科学院力学研究所长；1958—1978 年，任中国科学技术大学近代力学系主任；1965—1970 年，任七机部副部长；1968 年兼任中国空间技术研究院第一任院长；1970—1982 年，任国防科委副主任。[9]

1985 年，钱学森因对我国战略导弹技术做出的贡献，作为第一获奖人和屠守锷、姚桐斌、郝复俭、梁思礼、庄逢甘、李绪鄂等获全国科技进步特等奖。1991 年 10 月 16 日，国务院、中央军委授予钱学森“国家杰出贡献科学家”荣誉称号和全军一级英模奖章，以表彰他对我国科学技术事业所做出的重大贡献。同年，钱学森与雷锋、焦裕禄、王进喜等一起被中共中央组织部列为中华人民共和国成立以来在群众中享有崇高威望的共产党员优秀代表，深受全国人民的爱戴。1999 年 9 月，中共中央、国务院、中央军委授予他“两弹一星功勋奖章”，以表彰他对我国“两弹一星”事业做出的重要贡献。钱学森长期担任中国先驱的火箭和航天计划的技术领导人，对航天技术、系统科学和系统工程做出了巨大的和开拓性的贡献。2001 年国际小行星中心和国际小行星命名委员会，将中国紫金山天文台发现的编号为 3763 号小行星命名为“钱学森星”。[10]

1949 年杨振宁(左 1)、邓稼先(左 2)、杨振平在美国芝加哥大学的合影

1950 年 8 月 20 日,邓稼先在美国普渡大学获博士学位

二、中国核物理学家邓稼先

邓稼先(1924—1986),安徽怀宁人。父亲邓以蛰(1892—1973)毕业于日本早稻田大学,后入美国哥伦比亚大学学习哲学,回国后任教于清华大学、北京大学、燕京大学及厦门大学等。邓以蛰是中国现代美学的奠基人之一,与宗白华享有"南宗北邓"之美誉。邓稼先在北京接受了中小学教育,曾就读于教会学校崇德中学,杨振宁比他高一班,两人关系很好,"总在一起打墙球"。[11] 1941年秋,进入西南联大物理系。抗战结束后,邓稼先从联大毕业,在昆明培文中学和文正中学教数学。1946年夏,受聘为北京大学物理系助教,回到了阔别六年的北平。邓稼先一边做助教,一边复习功课,准备留美考试。1947年,参加赴美留学考试并顺利通过。[12]

1948年秋,邓稼先受父亲的好友杨武之教授之托,与杨振宁的弟弟杨振平结伴,从上海出发,登上了"哥顿将军"号客货轮船,前往美国。邓稼先站在轮船的甲板上,思绪万千。他想起临行前,对他思想帮助很大的袁永厚说过的话:"新中国的诞生不会是很遥远的事情了,天快亮了!"好友要他留在北平迎接解放,继续发挥骨干作用。邓稼先明确地回答袁永厚说:"将来祖国建设需要人才,我学成一定回来。"[13] 10月,邓稼先进入美国印第安纳州的普渡大学研究生院,攻读物理学专业。他的导师荷兰人德尔哈尔研究核物理,邓稼

1950 年 8 月 29 日，邓稼先自美国回国时乘坐的“威尔逊总统”号轮船和其在轮船上写给朋友的邮简

1950 年 9 月，从美国乘“威尔逊总统”号轮船回国的中国留学生合影。
末排右 2 为邓稼先

先跟随导师也从事核物理方面的研究，并以《氘核的光致蜕变》为题进行博士论文的写作。氘是氢的一种非常重要的同位素。1932 年发现了中子，紧接着也发现了氘。什么是氘？氘就是重氢。氢由一个电子加上一个质子组成，而氘比氢多一个中子。因为在中子和质子结合时要放出一点东西来，质量有些亏损，这亏损就叫结合能。因此氘的重量是氢的重量的二倍略少一点，少了千分之几，也就是少了结合能。所以要把氘核打开分成一个中子和一个质子，就必须从外面加进能量去。打开当然不容易，需要很大的能量才行。邓稼先的导师德尔哈尔教授给他选定的研究题目《氘核的光致蜕变》，在贝林凡特教授具体指导下完成。这项研究也就是利用加速器放出的伽马射线，亦即电磁波或光波来轰击氘核。使之分裂成一个质子和一个中子，就可以很方便地研究质子和中子间的相互作用及各种关系。我们知道，地球上全部 105 种原子的原子核基本成分都是质子和中子，只不过因数量多少而各异。而氘核只有一个质子和一个中子，没有其他复杂因素的干扰，因此它是标准的研究对象。在发现同位素氘十六七年之后，就做它的光致蜕变的研究，当然是一个很吸引人的热门难点课题。但是邓稼先在导师的指导下，夜以继日，只用了一年零十一个月的时间，便读满了学分并完成了博士论文。[14]

1950 年 8 月 20 日，邓稼先顺利通过答辩，获得了普渡大学的博士学位。取得博士学位后，这位只有 26 岁的物理学博士，立刻准备回国。邓稼先根据自己了解的一些情况和他对新中国成立之后国际形势发展的判断，特别是1950年6月朝鲜战争爆发后，觉得必须尽快行动。在拿到博士学位后第9天，即1950年8月29日，他就从洛杉矶登上“威尔逊总统”号轮船归国了。金秋时节，“威尔逊总统”号驶抵香港。1950年时中英尚未建交，当时香港还在被英国实行殖民统治。其他国籍的乘客都能在香港上岸，但是不准船上的中国学生在香港登陆。归国留学生只得分批乘小木船划到中国境内上岸，最后在广州聚集。[15]

回国后的邓稼先被安排到中国科学院近代物理研究所工作。1958年以来组织领导开展了爆轰物理、流体力学、状态方程、中子输运等基础理论研究，对原子弹的物理工程进行了大量模拟计算和分析，从而迈出了中国独立研究设计核武器的第一步。领导完成了中国第一颗原子弹的理论方案并参与指导核试验前的爆轰模拟实验。组织领导了氢弹设计原理、选定技术途径的研究，组织领导并亲自参与了1967年中国第一颗氢弹的研制与试验工作。20世纪70年代以来，在组织领导与规划中国新的核武器工作方面付出了艰辛的劳动。1980年当选为中国科学院学部委员（院士）。[16]

1985年8月，邓稼先做了切除直肠癌的第一次手术，次年3月做了第二次手术。在这期间他和于敏联合署名写了一份关于中华人民共和国核武器发展的建议书。1986年5月，邓稼先做了第三次手术，7月29日因全身大出血而逝世。邓稼先是中国核武器事业的奠基人和开拓者，张爱萍将军称其为“两弹元勋”，亦当之无愧。

邓稼先一生的挚友杨振宁评价他：“邓稼先的一生是有方向、有意识地前进的。没有彷徨，没有矛盾。”“如果稼先再次选择他的途径的话，他仍会走他已走过的道路。这是他的性格与品质。能这样估价自己一生的人不多，我们应为稼先庆幸！”[17]

三、自控大师杨嘉墀

杨嘉墀（1919—2006），江苏吴江人，5 岁入震泽私立丝业第一初高等小学读书。1932 年，随父母来到上海，考入省立上海中学读书。1937 年中学毕业后，考入上海交通大学电机系。1941 年夏毕业，获工学学士学位，并到大后方寻找工作机会。先在西南联合大学电机系任助教，翌年调入昆明中央电工器材三厂工作，先后任工务员、助理工程师。1945 年研制成功中国第一套单路载波电话样机，并成功研制出扬声电话。[18] 1944 年春，杨嘉墀被中央电工器材三厂报送参加经济部举办的“租借法案”留美实习生考试，并通过考试被录取，待联系美国实习工厂后就可办理出国手续。是年 7 月，国民党政府调整了技术人员出国计划，杨嘉墀应中央电工器材三厂要求暂缓出国。

抗战胜利后，1946 年初，杨嘉墀回到阔别四年的上海探

1937 年杨嘉墀在上海中学的毕业照

望双亲，并准备留美事宜。不久，中央电工器材总厂上海办事处主任通知杨嘉墀留在上海办理出国手续，暂借到上海办事处工作，帮助清理、出售一部分物资。经过几番周折，杨嘉墀准备前往美国哈佛大学研究生院学习，并于 8 月份前往南京办理了签证。但此时恰逢美国海员罢工，船期难以确定。直到 1947 年 1 月初，杨嘉墀终于登上了美国的"梅格斯将军"号轮船。这艘轮船是由一艘军队运输船改装的，船上设备比较简陋，由上海直接开往旧金山，航期两个星期。同船出国的留学生有 30 多人。1 月中旬，轮船抵达旧金山，杨嘉墀登上了前往纽约的火车。[19]

1947 年初，入美国哈佛大学文理学院工程科学与应用物理系攻读研究生。在哈佛大学两学期，杨嘉墀上了 8 门课，还在麻省理工学院选修了几门课，他的考试成绩全为 A 等，不到一年时期就取得了硕士学位。1948 年，在哈佛大学继续攻读博士学位。因为学校要求要先学习与论文专题不同领域的其他 3 个领域的课程，杨嘉墀在哈佛、麻省理工继续学习了应用数学、计算数学、理论物理、声学、微波电子学等方面的十多门课程，还初步学习了当代军事技术，包括雷达技术、声呐技术，拓宽了自己的知识领域。[20] 同时，他还参加了回旋加速器的研制工作，负责控制系统的设计与安装调试，成功研制出傅里叶变换器。1949 年 4 月，以博士论文《傅里叶变换器及其应用》通过答辩，被授予博士学位。博士毕业后，进入宾夕法尼亚大学生物物理系工作，任副研究员。先后研制成功高速电子模拟机和快速记录吸收光谱仪，并获得美国专利，被称为“杨氏仪器”。1954 年，任纽约洛克菲勒医学研究所高级工程师，研制成功生物化学的二色光谱仪、视网膜仿真仪，成为生物医学电子学的创立者之一。[21]

早在波士顿学习、工作期间，杨嘉墀就参加了科学工作者协会的活动。由于美国法律不允许外国的组织在美国设立机构，因此科学工作者协会的活动实际上是留美爱国知识分子聚在一起，以舞会、酒会的形式相聚，交流，讨论国内时局。上海解放了，南京解放了，从中国传来的令人振奋的消息一个接一个，在美国朝野，在美国人民中间．在美国的华人中间迅速传播开来。杨嘉墀的华人朋友纷至沓来，于是，他家中也充满了从大洋彼岸传来的令人振奋的消息。杨嘉墀心里萌动着回国的念头。1949 年 10 月 1 日中华人民共和国正式成立的消息传到美国．杨嘉墀和大多数爱国的中国留学生一样，感到中国有了新的希望。

新中国成立后，不少留学生怀着对祖国的热爱，纷纷回国参加社会主义建设。杨嘉墀不是观望者，他认为为新中国

章

Relinking with the world

Study in the USA

1949 年，杨嘉墀在美国哈佛大学获得哲学博士学位

1953 年，杨嘉墀与“杨氏仪器”合影

服务的时候到了，于是加紧了回国的准备。他辞去了光开关公司的工作，不介入与军方有牵连的工作，转到宾夕法尼亚大学生物物理系工作，几乎不参加任何社会活动，埋头于学习和业务工作中，以便实现他多年的回国愿望。他对妻子徐斐说："祖国已经解放了，我们该回去了。你现在正在怀孕，行动不便，等孩子生下来，我接下来的模拟机研制刚好搞完，那时就回到祖国去。"[22]

1950年6月，朝鲜战争爆发，10月，中国人民志愿军过江作战，中美关系岌岌可危。美国参议院制定了专项阻止华人回国的《麦卡锡法案》，规定所有在美留学的华人，凡学习医学、理科、工科者均不得返回红色中国，违者将被判处5000美元以下的罚金或五年以下的徒刑，或二者并处。1951年下半年，杨嘉墀接到美国移民局的通知，被告知不能离开美国，每年年终还要填一次外侨登记证，交当地邮局转移民局。杨嘉墀拒绝了申请"永久居留""公民权"的诱惑，暗中仍然通过各种渠道收集来自新中国的消息，等待归期的来临。

1953年，有三批留学生联名给周恩来总理写信。在日内瓦会议期间，他们又设法同中国代表团取得联系，向代表团提供了美国扣留中国留学生的名单等。

同时，将争取回国的斗争转向公开化：向美国公众呼吁，给美国总统艾森豪威尔和联合国秘书长哈马舍尔德发出公开信；让国内亲属写信，揭露美国政府扣留中国留学生的无理性。他们的爱国正义斗争,有力地配合了当时中国政府代表团在日内瓦同美国政府进行的谈判。周恩来总理对此十分重视,明确表示欢迎海外人员归来,为建设社会主义祖国效力。杨嘉墀从报刊上了解到,美方迫于各界的压力,不得不准许华裔学者离境,并在公开场所、邮局张贴海报,表明自 1954 年 6 月开始,中国留学生要回国的都将准予离境。他热血沸腾,仿佛听见了祖国需要科学、需要知识的呼唤。作为中国人,从民族的立场、从爱国主义出发,杨嘉墀和夫人徐斐积极准备回国事宜。

1955 年,中国桥梁工程教育家茅以升主持留美学生家长联谊会工作,工作做得很细,给杨嘉墀的父母寄来有关留学生情况及国内有关政策的资料,动员家长给子女写信,鼓励海外学子回国参加建设。后来杨嘉墀的父亲杨澄蔚、徐斐的父亲徐韦曼几次给他们写信,介绍上海工业的发展情况,告知上海的面貌已大大改变,整个中国的面貌焕然一新。信的末尾嘱咐杨嘉墀,接到信后,应及早回故里,以便把自己的特殊才能贡献给人民,贡献给国家。先期回国的同学林秉南等也先后来信,并寄来了介绍有关办理回国手续的资料。父亲和朋友的来信,使正在准备回国的杨嘉墀、徐斐心情久久难以平静,恨不能即刻回到祖国、回到父母身边。杨嘉墀总是小声地对徐斐说:“身在异乡的人,总是要回家。一个人无论走多远,离乡多久,无论是凯旋,还是退却,总是要回家的,家是归宿。”[23]

1956年4月，杨嘉墀开始办理回国手续。他向洛克菲勒医学研究所所长布朗克博士辞行。随后，杨嘉墀又去费城宾夕法尼亚大学办理手续，并向生物物理系主任钱斯教授辞行。杨嘉墀抓紧时间办理回国事宜。因为女儿杨西出生在美国，需要向美国申请随同父母回国的证件，此事被拖了两个月。紧接着他去纽约英国驻美国领事馆领取“代用护照”，送给美国地方上的“公证人”签字后，再到英国领事馆办理直接经过香港的签证，然后又赶到轮船公司预定船票。他与夫人一起急忙打点行装．变卖了家电、家具、钢琴和小汽车，还特意精心选购了示波器、振荡器、真空管、电压表等当时国内缺乏的普通的科研仪器。8月初，因房屋租赁合同到期，他们离开纽约到波士顿，在同学朱祺瑶家中暂住了两个星期，同时办理交纳所得税的手续，并到移民局领取离境证件。当美国移民局工作人员询问杨嘉墀，回国是否自愿、有无别人强迫时，杨嘉墀与徐斐都理直气壮地大声回答：“是自愿的！”1956年8月，杨嘉墀夫妇带着四岁的女儿杨西，从旧金山乘远洋客轮“克利夫兰总统”号向太平洋彼岸驶去，美国西海岸起伏的山峦渐渐在船尾消失了。[24]

9月初，当轮船行驶到中国南海区域，杨嘉墀终于看见了曙光里的祖国。“克利夫兰总统”号轮船已驶抵香港九龙湾，在港外等待泊位。杨嘉墀一家和许多中国留学生都走到甲板上观看九龙湾的海景，只见海湾一带布满了船只。根据杨嘉墀的要求，教育部批准他到北京之前，先到上海去看望父母和故友。到达上海后，回到离别10年的家中，一家人重叙天伦之乐。在上海休息两天后，杨嘉墀应张香桐博士邀请，前往中国科学院上海生理生化研究所参观访问。[25] 10月，杨嘉墀来到北京，参与筹建中国科学院自动化研究所，先后任研究员、副所长，北京控制工程研究所副所长、所长。1968年以后任中国空间技术研究院副院长、航天工业部总工程师，后改任顾问。1958年中国科技大学成立之初，他兼该校自动化系教授。

杨嘉墀1956年回国时，国家正在制定1956—1967年的"十二年科学技术发展规划"。他一回来就投入执行这项计划的工作。随后他作为主要人员研制了测试火箭和核武器试验时各种参数、数据的仪器设备和自动控制系统，这都是火箭和核武器研制中的重要组成部分。1966年他受命研制第一颗返回式卫星的自动控制系统。就在这样的紧张时刻，他还必须在"文化大革命"中一次又一次地作"自我检讨"。直到1975年中央指定他作为中国代表团团长率团参加在美国召开的国际自动控制联合大会，单位里的军官代表看了中央的通知后，才对他说："你算完全解放了！"[26]

1975年11月26日我国第一颗返回式卫星在酒泉卫星发射场发射升空。这颗卫星到底能不能按预定计划返回地面，谁也没有把握，大家都提心吊胆，杨嘉墀更是焦急得睡不着觉。有人希望卫星上天后一天就返回。因为卫星上到太空后，尽管理论上周围是真空，但一定程度的残余空气在不同的高度上还会存在,它们的浓度如何不清楚!这也就是说,卫星在运转过程中的阻力难以确切掌握。所以,卫星到底何时能返回地面,虽有预计,但毕竟初次试验,没有确切把握。杨嘉墀根据自己的精确计算,认为卫星在升空3天后会回来。3天后,卫星果然在贵州某地着陆,完成了返回试验。试验成功后,总指挥钱学森主动握住杨嘉墀的手,激动地说:“老杨,你为国家立功了!”从此,中国成了全球第三个能发射返回式卫星的国家,也是发展中国家中第一个能发射返回式卫星的国家。这年杨嘉墀56岁。[27]

1981年美国总统里根上台后,为了在军事上和外层空间上压倒当时勃列日涅夫领导的苏联,拖垮苏联,提出了“星球大战计划”,大力开拓对外层空间的研究。这就带动了美国其他领域里的高科技发展。一石激起千层浪,日、德、法、英等国也加紧高科技领域的投入与发展。杨嘉墀很注意国际上高新科技发展的动向,担心中国与各强国在高新科技领域内的差距将愈来愈大。1986年3月的一天,杨嘉墀与住在他家附近的陈允芳一起散步时,提出了自己的想法。陈允芳同意他的想法。他们又联络了也是苏州同乡的王大珩以及王淦昌,于是杨嘉墀、陈允芳、王大珩和王淦昌四位中科院院士联名向邓小平和党中央递交报告,希望加紧投入研究高新科技。邓小平看了四人的建议书,立即在上批示:“此事宜速作出决断”“要军民结合,以民为主”。从此,中国发展高新科技的计划称为“863计划”,因为是1986年3月提出的建议。随后国务院立即组织专家进行论证。专家们一致同意要加速发展高新技术。国务院命张劲夫提出经费要求。张劲夫便召集上述四位科学家开会,要大家提出经费计划。这几位科学家都对经费没什么概念,于是张劲夫说:"头十年拟投入100亿人民币,第二个十年届时再定。"这让科学家们欢欣鼓舞。[28]

2005年,杨嘉墀曾回顾自己回国50年以来的发展历程:"我1956年回国时,遇上了我国实施'十二年科学技术发展远景规划'的良好机会。我参与了四大紧急措施之一的组建中国科学院自动化研究所的筹备工作,为祖国自动化学科建设做了一些开创性工作。当1957年10月苏联第一颗人造地球卫星上天之后,1958年5月毛主席就发出了'我们也要搞人造卫星'的号召,我们在'自力更生为主、争取外援为辅''要大力协同做好这件工作'等方针的指引下,开展了探空火箭、运载火箭的研制工作和人造卫星的预研工作。至1965年我国制订了'人造卫星发展规划',开展人造卫星的研制条件基本成熟。即使在'文化大革命'的干扰下,经中央统一领导,我国于1970年4月发射了第一颗人造地球卫星。1968年组建了中国空间技术研究院,经过30多年的努力,到现在已有40多颗卫星发射上天,其中通信卫星和遥感卫星等取得了一定的经济效益和社会效益,为我国现代化建设做出了贡献。我有幸参与了这些工作,使我深刻地体会到现代高技术的发展都是依赖于多学科的综合，卫星的研制涉及的学科门类有力学、电子学、计算机、自动控制、光学仪器、通信、材料科学、真空技术、制造工艺等。航天工程又是现代典型的复杂大系统，其工程规模庞大、技术面宽、耗资巨大，必须由国家统一组织，利用系统工程方法，组织实施。我国能够在投入较少、基础较弱、科研力量不足的情况下，取得目前世界航天大国之一的地位，主要还是依靠全国人民的支持和中国共产党的领导和精心组织。20 世纪 80 年代中期，我受中国宇航学会的委托，担任了 5 年的国际宇航联合会副主席职务，深深感受到我国航天技术在世界上占有一席之地的光荣。”[29]

杨嘉墀是中国自动化学会理事长、国际宇航联合会副主席、国际自动控制联合会空间控制专业委员会副主席、中国科协全国委员会委员，是《自动化学报》杂志的主编。他还是《中国大百科全书》中《自动控制与系统工程》篇的主编。从 1975 年 11 月 26 日我国第一颗返回式卫星升空和按时返回地面，到 2003 年 10 月 11 日杨利伟载人航天飞船升空和自动返回，所有的返回过程和自动调节技术，其创始人都是杨嘉墀。

2006 年 6 月 11 日，杨嘉墀在北京逝世，享年 87 岁。[30]

注 释

1. 宋健主编:《“两弹一星”元勋传》上,清华大学出版社 2001 年版,第 1 页。
2. 宋健主编:《“两弹一星”元勋传》上,清华大学出版社 2001 年版,第 2 页。
3. 钱江:《走近共和国“两弹一星”元勋们》,《党史博览》2003 年第 5 期,第 31 页。
4. 霍有光编著:《钱学森年谱(初编)》,西安交通大学出版社 2011 年版,第 4—5 页。
5. 霍有光编著:《钱学森年谱(初编)》,西安交通大学出版社 2011 年版,第 22 页。
6. 王文华:《钱学森学术思想》,四川科学技术出版社 2007 年版,第 4 页。
7. 王文华:《钱学森学术思想》,四川科学技术出版社 2007 年版,第 5 页。
8. 张现民:《钱学森回国纪事》,《钱学森研究》第 1 辑,上海交通大学出版社 2016 年版,第 28—30 页。
9. 王文华:《钱学森学术思想》,四川科学技术出版社 2007 年版,第 6 页。
10. 王文华:《钱学森学术思想》,四川科学技术出版社 2007 年版,第 11—12 页。
11. 邓仲先:《世事烟云近百年:忆父亲邓以蛰、弟弟邓稼先》,《人民周刊》2017 年第 5 期,第 85 页。
12. 葛康同、邓仲先、邓槜先、许鹿希:《两弹元勋邓稼先》,新华出版社 1992 年版,第 27 页。
13. 许鹿希、邓志典、邓志平、邓昱友:《邓稼先传》,中国青年出版社 2015 年版,第 32 页。
14. 许鹿希、邓志典、邓志平、邓昱友:《邓稼先传》,中国青年出版社 2015 年版,第 37—38 页。
15. 许鹿希:《邓稼先图片传略》,安徽教育出版社 2003 年版,第 66 页。
16. 《邓稼先》,《科学家》2015 年第 12 期,第 5 页。
17. 杨振宁:《曙光集》十年增订版,翁帆编译,生活·读书·新知三联书店 2018 年版,第 263 页。
18. 《附录杨嘉墀生平活动年表》,《杨嘉墀院士文集》,中国宇航出版社 2006 年版,第 257 页。
19. 杨照德、熊延岭:《杨嘉墀院士传记》,中国宇航出版社 2014 年版,第 56—63 页。
20. 杨照德、熊延岭:《杨嘉墀院士传记》,中国宇航出版社 2014 年版,第 66 页。
21. 《附录杨嘉墀生平活动年表》,《杨嘉墀院士文集》,中国宇航出版社 2006 年版,第

注 释

257 页。
22. 杨照德、熊延岭:《杨嘉墀院士传记》,中国宇航出版社 2014 年版,第 78 页。
23. 杨照德、熊延岭:《杨嘉墀院士传记》,中国宇航出版社 2014 年版,第 79 页。
24. 杨照德、熊延岭:《杨嘉墀院士传记》,中国宇航出版社 2014 年版,第 80—81 页。
25. 杨照德、熊延岭:《杨嘉墀院士传记》,中国宇航出版社 2014 年版,第 84—85 页。
26. 何学良、李疏松、[美]何思谦:《海国学志: 留美华人科学家》,上海人民出版社 2007 年版,第 69 页。
27. 何学良、李疏松、[美]何思谦:《海国学志: 留美华人科学家》,上海人民出版社 2007 年版,第 69 页。
28. 何学良、李疏松、[美]何思谦:《海国学志: 留美华人科学家》,上海人民出版社 2007 年版,第 70 页。
29. 杨嘉墀:《我这五十年——大力协同发展航天事业的体会(2005 年)》,《杨嘉墀院士文集》,中国宇航出版社 2006 年版,第 256 页。
30. 何学良、李疏松、[美]何思谦:《海国学志: 留美华人科学家》,上海人民出版社 2007 年版,第 70 页。

章

Relinking
with the world

Study in the USA

20 世纪初的英商耶松船厂（虹口区地方志办公室　提供）

结语

有学者认为，中国水域的航运发展，是一个政治过程，也是一个商业过程。19 世纪四五十年代，用悬挂外国国旗的船只运输中国人拥有的货物，开始成为西方国家在中国沿海拓展商业活动的一种非正式手段。但在第二次鸦片战争之后，外国船只在中国内陆和沿海水域航行的特权被载入不平等条约之中。[1] 外国列强尤其是英美公司获得了这种特权，以上海为中心，积极拓展中国的江海航线和远洋航线。甲午战争后，日本也加入进来，成为这一领域的有力竞争者。晚清的洋务派大臣们敏锐地察觉到这一点，轮船招商局的成立可以视为中国政府的一种自救努力。

如果说轮船招商局在中国江海航线上还曾一度占据了重要地位，那么在远洋航线的拓展上，中国几乎一筹莫展，毫无建树。在一定程度上，这与 19 世纪后半叶中国的国际地位有关。处在半殖民主义体系中的中国，在西方列强的牵制与阻碍下，难以获得发展远洋航线的话语权。正是在这种状况下，中国的有志青年不得不乘坐外国的轮船，从上海出发，奔赴北美大陆学习新知，“师夷长技以制夷”仍是那个时代的真实写照。

时代的潮流滚滚向前。1949 年 5 月上海解放后,外国航运企业撤离上海。国家积极发展海上运输业,恢复江海航线。1951 年 5 月 18 日,第五届联合国大会在美国操纵下,通过了对中国禁运的决议,英法等西方国家限制本国轮船到中国港口,上海的远洋运输几乎断航。在十分困难的条件下,中国共产党领导人民奋发图强,逐步冲破封锁。同年 6 月 15 日,波兰政府和中国政府合资组建了中波轮船股份公司,首先打开中国通往欧洲的航线,迈开了新中国远洋运输的第一步。1962 年 2 月,中波轮船股份公司从天津搬迁到上海,成为上海第一家中外合资的远洋运输企业。1964 年 4 月 1 日,中国远洋运输公司上海分公司正式成立。6 月 12 日,"和平 60 号"轮首航上海—朝鲜航线,6 月 18 日"燎原"轮首航上海—日本航线,从此,上海有了中国国营的远洋运输船队。1979 年 9 月,上海海兴轮船公司成立,从上海海运局抽调部分技术状况较好的船投入远洋航线,自此,海兴公司跻身国际航运市场,实行沿海运输和远洋运输并举的方针。1980 年 1 月 7 日,该公司 1.3 万吨级客货船上海轮第一次从上海开往香港,中断 30 余年的上海与香港之间的海上客运重新恢复。1983 年 2 月 3 日,上海市锦江航运有限公司成立,是上海第一家地方远洋运输企业。上海远洋运输公司于 1981 至 1985 年间,陆续开辟了上海(天津)—美国东海岸、上海—日本神户、上海—西欧和北欧国家港口、香港—美国西海岸、上海—东南亚新加坡等集装箱班轮航线。[2]

时至今日，随着空中航线的开辟与快速发展，航空出行成为再赴大洋彼岸的首选。仍然安静坐落在北外滩的上海虹口的码头，如今被打造成一个以“老上海码头文化博物馆”为主题的滨江文化景观，静静地伫立在江边，向我们讲述着一个时代的故事。正如这本小书所记载的，自19世纪中叶开始，最早赴美留学的莘莘学子，就是从上海港启程，登上一艘日本轮船，向着美国旧金山驶去。从这时起，晚清政府、北洋政府、南京国民政府的留美计划以及数以万计的自费留学计划，将千千万万中国学子从上海的码头送往了大洋彼岸。更多的中国学子学成归来，又在上海的码头下船，奔赴人生的下一个目的地。晚清民国时期，几乎所有赴美留学的中国人乘坐的都是洋轮，但是他们学成报国的心意却不曾改变。也正是有了这样一批又一批的留美学生报效祖国，奉献毕生，积贫积弱的中国终于步履蹒跚地站起来了。在中国共产党的带领下，又经过一个百年的奋斗，中国正迈开大步，昂首挺胸，奋勇前行。

注释

1. ［美］罗安妮：《大船航向：近代中国的航运、主权和民族建构（1860—1937）》，王果、高领亚译，社会科学文献出版社2021年版，第9页。
2. 《上海远洋运输志》，上海社会科学院出版社1999年版，第3—7页。

参考文献

一、纸质资料

《申报》。
《政治官报》。
《时报》。
《直隶教育杂志》。
《新闻报》。
《科学》。
赵元任摄，赵新那、黄家林整理：《赵元任影记之学术篇：好玩儿的大师》，商务印书馆2022年版。
陈潮：《晚清招商局新考：外资航运业与晚清招商局》，上海辞书出版社2007年版。
《上海港史话》，上海人民出版社1979年版。
[法]梅朋、傅立德：《上海法租界史》，倪静兰译，上海社会科学院出版社2007年版。
蒯世勋等编著：《上海公共租界史稿》，上海人民出版社1980年版。
黄苇：《上海开埠初期对外贸易研究(1843—1863年)》，上海人民出版社1961年版。
《上海租界志》，上海社会科学院出版社2001年版。
苏生文：《中国早期的交通近代化研究(1840—1927)》，学林出版社2014年版。
苏智良主编：《上海城区史》下，学林出版社2011年版。
中国航海学会：《中国航海史・近代航海史》，人民交通出版社1989年版。
朱荫贵：《国家干预经济与中日近代化：招商局与三菱・日本邮船会社的比较研

究》，东方出版社 1994 年版。
茅伯科主编：《上海港史（古、近代部分）》，人民交通出版社 1990 年版。
胡政主编：《招商局与上海》，上海社会科学院出版社 2007 年版。
《上海远洋运输志》，上海社会科学院出版社 1999 年版。
［日］松浦章：《19 世纪末北美的轮船公司与北太平洋航路——从上海到北美洲》，上海中国航海博物馆编：《丝路的延伸——亚洲海洋历史与文化》，中西书局 2015 年版。
张后铨：《招商史话》，中国文史出版社 1992 年版。
［美］罗安妮：《大船航向：近代中国的航运、主权和民族建构（1860—1937）》，王果、高领亚译，社会科学文献出版社 2021 年版。
容闳：《容闳自述》，安徽文艺出版社 2014 年版。
井振武编著：《留美幼童与天津》，天津人民出版社 2016 年版。
梁碧莹：《近代中美文化交流研究》，中山大学出版社 2009 年版。
温秉忠：《一个留美幼童的回忆》，陈学恂、田正平编：《中国近代教育史资料汇编·留学教育》，上海教育出版社 2007 年版。
高宗鲁译注：《中国留美幼童书信集》，传记文学出版社 1986 年版。
上海市孙中山宋庆龄文物管理委员会编：《史事与史迹：孙宋孔蒋家族在上海》，上海辞书出版社 2017 年版。
施济屏编：《川沙故事》，上海科学技术文献出版社 2019 年版。
蒋晓萍：《跨文化教育实践的传承与超越——基于宋氏三姐妹在卫斯理安学院留学经历的视角》，《衡阳师范学院学报》2018 年第 5 期。
宋时娟：《宋庆龄出生日期考——基于文献与口述的一项研究》，锻炼：《探索与实践：博物馆与口述历史》，经济日报出版社 2016 年版。
张圣芬：《中华医学会百年历史上的一对传奇兄弟——中华医学会老会长牛惠霖、牛惠生》，中华医学会编：《百年魂、中国梦：纪念中华医学会百年诞辰征文集萃》，中华医学电子音像出版社 2015 年版。
欧七斤：《盛宣怀与中国近代教育》，上海交通大学出版社 2016 年版。
郭晶萍、徐珊珊：《美国海关档案与清末南洋公学留美生史实》，《历史档案》2020 年第 1 期。
郭晶萍：《章宗元留美期间的社团活动研究（1903—1907）》，《珠海潮》2019 年第 2 期。

文　　献

郭晶萍、徐珊珊:《美国海关档案与清末南洋公学留美生史实》,《历史档案》2020 年第 1 期。
《虎门镇志》,方志出版社 2016 年版。
上海交通大学校史编纂委员会编:《上海交通大学纪事 1896—2005》(上卷),上海交通大学出版社 2006 年版。
谢长法:《中国留学教育史》,山西教育出版社 2006 年版。
苏云峰:《从清华学堂到清华大学 1911—1929》,生活·读书·新知三联书店 2001 年版。
李守郡:《第一批庚款留美学生的选派》,《历史档案》1989 年第 3 期。
江琳:《邮传部上海高等实业学堂文凭的解读》,上海市历史博物馆编:《都会遗踪》第 3 辑,学林出版社 2011 年版。
李喜所、刘集林等:《近代中国的留美教育》,天津古籍出版社 2000 年版。
王天骏:《文明梦——记第一批庚款留美生》,清华大学出版社 2012 年版。
王晋玲:《徐佩璜》,李峰主编:《苏州通史·人物卷(下)》,苏州大学出版社 2019 年版。
李峰:《徐佩琨》,李峰主编:《苏州通史·人物卷(下)》,苏州大学出版社 2019 年版。
李守郡:《第二批庚款留美学生的选派》,中国第一历史档案馆编:《明清档案与历史研究论文集:庆祝中国第一历史档案馆成立 70 周年》下,中国友谊出版公司 2000 年版。
熊月之、周武主编:《圣约翰大学史》,上海人民出版社 2007 年版。
徐以骅主编:《上海圣约翰大学(1879—1952)》,上海人民出版社 2009 年版。
《胡敦复、胡明复、胡刚复文集》,线装书局 2014 年版。
陆阳:《胡氏三杰:一个家族与现代中国科学教育》,上海三联书店 2013 年版。
宋立志主编:《名校精英·上海交通大学》,远方出版社 2005 年版。
上海交通大学数学系编:《数学系八十年》,上海交通大学出版社 2013 年版。
熊月之:《海派映照下的江南人物》,上海书店出版社 2019 年版。
蒋宝麟:《体国经世:民国的学人与商人》,上海书店出版社 2015 年版。
王仁中:《爱国办学的范例:立达学社与大同大学、附中一院史料实录》,上海古籍出版社 2002 年版。
耿云志、李国彤编:《胡适传记作品全编》第 3 卷,东方出版中心 1999 年版。

参 考

张祖贵:《中国第一位现代数学博士胡明复》,《中国科技史杂志》1991 年第 3 期。
张剑:《赛先生在中国: 中国科学社研究》,上海科学技术出版社 2018 年版。
卢嘉锡主编:《中国现代科学家传记》第 2 集,科学出版社 1991 年版。
胡适:《四十自述》第 1 册,上海亚东图书馆 1947 年版。
张立茂编注:《胡适澄衷学堂日记》,文汇出版社 2017 年版。
沈卫威:《胡适传》,河南大学出版社 1988 年版。
罗志田:《再造文明之梦——胡适传》,四川人民出版社 1995 年版。
江勇振:《舍我其谁: 胡适 第一部 璞玉成璧(1891—1917)》,新星出版社 2011 年版。
赵元任:《赵元任早年自传》,岳麓书社 2017 年版。
陆发春:《胡适家书》,安徽人民出版社 2010 年版。
章清:《胡适评传》,百花洲文艺出版社 2015 年版。
易竹贤:《学海涉闻》,湖北人民出版社 2004 年版。
吴梓明:《汉语文献与中国基督教研究——视域的探索与发现》,陶飞亚、杨卫华编:《汉语文献与中国基督教研究》上,上海大学出版社 2016 年版。
[美]史黛西·比勒:《中国留学学生史》,刘艳译,生活·读书·新知三联书店 2010 年版。
清华校友总会编:《校友文稿资料选编》第 6 辑,清华大学出版社 2000 年版。
吴汉民主编:《20 世纪上海文史资料文库 9·宗教民族》,上海书店出版社 1999 年版。
政协全国委员会文史资料研究委员会编:《文史资料选辑》第 97 辑,文史资料出版社 1985 年版。
戴琪:《寰球中国学生会研究(1905—1927)》,华东师范大学硕士学位论文,2014 年。
任秋敏:《寰球中国学生会与中国近代留学教育》,华中师范大学硕士学位论文,2011 年。
高翔宇:《寰球中国学生会早期史事考述(1905—1919)》,《兰州学刊》2015 年第 8 期。
中国第二历史档案馆编:《中华民国史档案资料汇编》第五辑第二编教育(一),江苏古籍出版社 1997 年版。

文　　献

杨学为、朱仇美、张海鹏主编:《中国考试制度史资料选编》,黄山书社 1992 年版。
刘真主编:《留学教育: 中国留学教育史料》第 1—5 册,台北“国立”编译馆 1980 年版。
舒新城:《近代中国留学史》,上海古籍出版社 2014 年版。
谢长法:《借鉴与融合: 留美学生抗战前教育活动研究》,河北教育出版社 2001 年版。
王奇生:《中国留学生的历史轨迹》,湖北教育出版社 1992 年版。
章开沅、余子侠主编:《中国人留学史》上,社会科学文献出版社 2013 年版。
中国革命博物馆编:《中国革命博物馆 50 年论文集》,海天出版社 2001 年版。
中共上海市委党史研究室编:《上海相册: 70 年 70 个瞬间》,上海人民出版社 2019 年版。
陶人观主编:《师表: 谢希德纪念集》,《上海文史资料选辑》第 97 辑,上海市政协文史资料编辑部 2000 年版。
郑懿德:《韦悫传略》,晋阳学刊编辑部编:《中国现代社会科学家传略》第 6 辑,山西人民出版社 1985 年版。
柳直荀:《韦悫》,刘绍唐主编:《民国人物小传》第 15 册,上海三联书店 2016 年版。
谢长法:《韦悫的高等教育思想与实践》,《现代大学教育》2021 年第 3 期。
《苏皖豫边区调查报告》,1946 年。
文怡:《虔诚的基督徒——老斗士韦悫》,《上海万象》1949 年 6 月第 1 辑。
盛懿、孙萍、欧七斤编著:《三个世纪的跨越——从南洋公学到上海交通大学》,上海交通大学出版社 2006 年版。
宋立志编著:《名校精英: 上海交通大学》,京华出版社 2010 年版。
陶柏康:《赵祖康》,复旦大学出版社 1998 年版。
中国公路交通史编审委员会编:《中国公路史》第 1 册,人民交通出版社 1990 年版。
[美]裴斐、韦慕庭访问整理:《从上海市长到“台湾省主席”(1946—1953)——吴国桢口述回忆》,吴修垣译,上海人民出版社 2015 年版。
屠诗聘主编,邢建榕整理:《上海市大观》,熊月之主编:《稀见上海史志资料丛书》7,上海书店出版社 2012 年版。

参　考

《上海城市规划志》,上海社会科学院出版社 1999 年版。

侯丽、王宜兵:《〈大上海都市计划 1946—1949〉——近代中国大都市的现代化愿景与规划实践》,《城市规划》2015 年第 10 期。

叶亦帆:《上海市历史博物馆藏赵祖康〈参加解放上海工作略述〉简述》,上海市历史博物馆编:《都会遗踪》第 31 辑,上海人民出版社 2020 年版。

中国人民政治协商会议上海市委员会文史资料工作委员会编:《上海解放三十五周年:文史资料纪念专辑》,上海人民出版社 1984 年版。

吴跃农:《赵祖康如何将上海市政府移交给中共》,《民国春秋》2000 年第 5 期。

中共上海市委党史研究室编:《日月新天:上海解放亲历者说》,上海人民出版社 2019 年版。

张正惠:《陈毅与赵祖康》,《上海党史研究》1995 年第 6 期。

户式功:《赵祖康与新上海公共设施建设》,《团结》2010 年第 6 期。

上海市陈鹤琴教育思想研究会:《陈鹤琴与上海教育》,上海教育出版社 2012 年版。

陈科美主编:《上海近代教育史:1843—1949》,上海教育出版社 2003 年版。

全国政协暨北京上海天津福建政协文史资料委员会编:《建国初期留学生归国纪事》,中国文史出版社 1999 年版。

宋健主编:《"两弹一星"元勋传》上,清华大学出版社 2001 年版。

钱江:《走近共和国"两弹一星"元勋们》,《党史博览》2003 年第 5 期。

霍有光编著:《钱学森年谱(初编)》,西安交通大学出版社 2011 年版。

王文华:《钱学森学术思想》,四川科学技术出版社 2007 年版。

张现民:《钱学森回国纪事》,《钱学森研究》第 1 辑,上海交通大学出版社 2016 年版。

邓仲先:《世事烟云近百年:忆父亲邓以蛰、弟弟邓稼先》,《人民周刊》2017 年第 5 期。

葛康同、邓仲先、邓槜先、许鹿希:《两弹元勋邓稼先》,新华出版社 1992 年版。

许鹿希、邓志典、邓志平、邓昱友:《邓稼先传》,中国青年出版社 2015 年版。

许鹿希:《邓稼先图片传略》,安徽教育出版社 2003 年版。

杨振宁:《曙光集》十年增订版,翁帆编译,生活·读书·新知三联书店 2018 年版。

《杨嘉墀院士文集》,中国宇航出版社 2006 年版。

杨照德、熊延岭:《杨嘉墀院士传记》,中国宇航出版社 2014 年版。
何学良、李疏松、[美]何思谦:《海国学志:留美华人科学家》,上海人民出版社 2007 年版。
梁碧莹:《梁诚与近代中国》,中山大学出版社 2011 年版。
《竺可桢全集》第 1 卷,上海科技教育出版社 2004 年版。
Arnold Wright, *Twentieth century impressions of Hong-kong, Shanghai, and other Treaty Ports of China*, London Lloyd's Greater Britain Pub. Co, 1908.

二、电子资料:

影像上海数据库, https://www.virtualshanghai.net。
华盛顿州立大学图书馆数字收藏部, https://content.libraries.wsu.edu/digital/collection/5983/id/1107。
胡适与康奈尔大学图书馆数据库,美国康奈尔大学图书馆, https://rmc.library.cornell.edu/hushih。

后记

从19世纪70年代第一批留美幼童自上海港码头乘洋轮向东航行开始，一个多世纪以来，大洋彼岸的美利坚合众国，已然成为中国留学生心之向往的重要目的地。晚清民国时期以及改革开放以来，一代又一代莘莘学子怀抱理想与抱负，奔赴世界超级大国——美国学习的心意，从来不曾减弱。

2020年冬，接到熊月之老师的电话，邀请我加入他主编的“爱上北外滩”丛书第三辑的写作计划，以蒐集近代中国人赴美考察和求学的种种史料为基础，撰写一本反映近代由上海港口出洋赴美留学人物的小书，我很感兴趣，便愉快地答应下来。是年11月17日，丛书第三辑的各位作者及学林出版社的领导和编辑，在虹口区地方志办公室召集会议，商讨选题，最终确定了丛书的内容要求、题材体例及交稿时间，特别强调要点面结合，重点突出上海、突出虹口、突出红色文化。会后不久，在熊老师的统筹安排下，这本书的主题定为“赴美”，主题与内容的确定，成为完成撰稿任务的动力，信心亦倍增。自我从事史学研究工作至今，对近代的学人与学界颇为关注，以往的研究成果也多与此相关，留美学人亦是我研究的一个重点。

晚清民国以降，留美学人对于推动中国近代社会的转型与发展，贡献卓著，成就斐然。对于他们回国后的成绩，我们了解的较多；对于他们在人生初创阶段，如何从上海出发、如何前往美国则所知甚少。所幸，相关史料的进一步开放与发掘，为我们呈现了越来越多的历史细节。

感谢熊月之老师，在确定题目、结构厘定与具体内容方面予以悉心指导。初稿完成之后，熊老师通览一遍，即令我关注钱学森等留美学人。我查找之后，发现为中国航空航天事业做出巨大贡献的"两弹一星"元勋们，有多人留学美国，我从中选取了与上海密切相关的钱学森、邓稼先、杨嘉墀等三人撰写，单列一章。同时感谢虹口区地方志办公室对我们的信任与支持。感谢严斌林老师的鼓励与指教。若没有学林出版社的不懈督促与认真工作，这本小书不会这么快与各位读者见面。

在写作本书的过程中，正值新冠疫情肆虐全球，国际旅行陷于停滞，中美关系再次面临严峻考验。尽管如此，我身边仍有不少学子奔赴美国求学，他们的毅力与决心更胜于一百多年前的首批留美幼童。回顾这百年来中国人从虹口码头奔向美国的奋斗史，他们的成功与光荣告诉我们，中美之间合则双赢，斗则俱败。

本书的撰写，在最大程度上吸收了学界已有的相关研究成果。书中错谬全由本人自负,期待读者诸君批评指正。

何方昱

2023 年 12 月于沪上蔚蓝花园

图书在版编目（CIP）数据

赴美 / 何方昱著．—上海：学林出版社，2023
（爱上北外滩 / 熊月之主编．睁眼看世界）
ISBN 978-7-5486-1894-2

Ⅰ.①赴… Ⅱ.①何… Ⅲ.①留学教育—教育史—中国—近代 Ⅳ.①G649.295

中国国家版本馆 CIP 数据核字（2023）第 155201 号

责任编辑 许苏宜 胡雅君 陈天慧
特约审读 完颜绍元 茅伯科 陆秉熙
整体设计 姜 明

爱上北外滩·睁眼看世界
赴美
熊月之 主编
何方昱 著

出 版 学林出版社
（201101 上海市闵行区号景路 159 弄 C 座）
发 行 上海人民出版社发行中心
（201101 上海市闵行区号景路 159 弄 C 座）
印 刷 上海颛辉印刷厂有限公司
开 本 890×1240 1/32
印 张 10
字 数 24 万
版 次 2024 年 2 月第 1 版
印 次 2024 年 9 月第 2 次印刷
ISBN 978-7-5486-1894-2/K·225
定 价 68.00 元

（如发生印刷、装订质量问题，读者可向工厂调换）